はじめてのヴェーダーンタ

プラヴラージカー・ヴラジャプラーナー

日本ヴェーダーンタ協会

出版者のことば

ヴェーダは、森林で生活していた古代インドの聖人たちの心の中に生まれ育まれてきました。ヴェーダがヒンドゥ教のもっとも古い文献だということは多くの人に知られていますが、ヴェーダーンタがヴェーダの中のヴェーダ、最高のヴェーダだということはあまり知られていません。インドの宗教や文明と文化に偉大なる影響を与えたヴェーダーンタは、非常に深遠であり、包括的で普遍的な思想です。ヴェーダーンタのメッセージは、世界中の寛容な魂を持つ誠実で理性的な人たちに、宗教の違いに関係なく多大な影響を与え、彼らが真に霊的な人生を送るための霊感のみなもとであり続けてきました。

私たちの協会のハリウッド支部の尼僧、プラヴラージカー・ヴラジャプラーナーによって書かれたこの研究論文は、ヴェーダーンタ哲学の＃高邁＃こうまい＃な思想を、公正に短く容易な形で示したこころみです。さらに当協会の名前にも由来する、ヴェーダーンタとは何かを知ろうとする人たちにも、この冊子は充分にその期待にこたえてくれるでしょう。

私たちは、読者の皆様にとってヴェーダーンタがより明確になることを願い、スワーミー・ヴィヴェーカーナンダがアメリカでヴェーダーンタについて講義したものを、付録としました。

この本を英語から日本語へと翻訳して下さった海老原淑江氏、および原本を出版したハリウッドのヴェーダーンタ協会にふかく感謝いたします。またこの原稿を出版するために助けてくださった信者の方々にも深く感謝いたします。

日本ヴェーダーンタ協会

凡例

※「自己」と「自己」の違いは、限定的自己（自分を肉体とか、意識と感じる自己。利己性を含む自己）と超越的自己（アートマン、利己性の全くない状態の自己のこと、魂）。

※（ ）の文字は、基本的にその前にくる言葉の簡潔な訳注。例 ガイドライン（指針）

目次

第一章　ヴェーダーンタ：概要

ヴェーダーンタは世界でもっとも古い、そしてきわめて広範囲の宗教哲学のひとつです。インドの聖典であるヴェーダの教えにもとづき、ヴェーダーンタは存在の同一性と魂の神性、そして宗教の調和を主張しています。ヴェーダーンタはヒンドゥ教の哲学的基盤となっていますが、ヒンドゥ教がインドの文化の側面をもふくむ一方、ヴェーダーンタは普遍的なものであり、すべての国、すべての文化、すべての宗教的背景において同じように意味をもつ教えです。

ヴェーダーンタという言葉は、ふたつの単語の組み合わせからなっています〝ヴェーダ〟は「知識」を、〝アーンタ〟は「結末」または「目的」を意味します。そして組み合わされた「知識の目的」は、頭脳的知識のことではありません。ここでいう「知識」とは、本を読んで習得した限られた知識ではなく、神についての、そしてさらには自己の神性についての知識です。すなわちヴェーダーンタとは、「神の探求」とともに、「自己の探求」でもあるのです。

われわれが「神」と言うとき、なにを意味するのでしょうか。ヴェーダーンタによると、神とは無限の存在、無限の意識、無限の至福を意味します。そして、この非人格的な超越した実体が、存在の根底にあるブラフマンだというのです。ヴェーダーンタはさらに、この神は人格的な存在になることができる、すなわち、人間の姿をとった神として、いかなる時代にも存在すると主張しています。

最も重要なことは、神がわれわれ自身の心の中に、神聖な自己つまりアートマンとしてすんでおられるということです。このアートマンはけっして生まれることも、死ぬこともありません。またわれわれの欠点によってよごされたり、心身の動揺に影響を受けたりすることもありません。このアートマンは人間の悲しみ、絶望、病気、無知によって支配される存在ではないのです。この純粋で完全なるかぎりないアートマンは、ブラフマンと一体であるとヴェーダーンタは言明しています。神がすまわれる、もっともすばらしい神殿は、人間の心の内にあるのです。

またさらにヴェーダーンタは、人生の目的は自己の神性に気づき、生き方のなかにそれをあらわしていくことだと主張しています。そしてそれは誰にでもできることだし、また最終的にだれもがそこにいたります。なぜなら、われわれの真の本質は神性であり、神の認識とは、われわれが生まれながらもっている権利であるからです。遅かれ早かれ、現世もしくは来世で、かならず誰もがみずからの神性を、すなわちわれわれの存在が神性であるという最高の真理を証明するのです。

最後に、ヴェーダーンタはすべての宗教が、神について、世の中について、そして人間の相互関係について、同様の基本的な真実を教えていると確言しています。何千年も前、リグ・ヴェーダの中で、「真実は一つ。賢者たちはそれをさまざまな名で呼んでいる」と言明しています。世界の宗教は、各自の一つの事実と確証、そして唯一で独自の神認識の道を提示することで、神へのさまざまなアプローチ（近づきかた）を提供しています。宗教間のあい反するようなメッセージは主に主義や教義が原因になっているのであって、霊的な経験の真実性に相違点はありません。世界の宗教のそれぞれに表面上の規律の違いがある一方、本質的な部分は驚くほどに類似点があるのです。

第二章　なぜわれわれは自己の神性に気づかないのか：マーヤーの概念

ヴェーダーンタではわれわれの真の本質は神聖である、とはっきり言っています。それは純粋であり、完全で、そして永遠に自由なものです。われわれはブラフマンになる必要はありません、なぜならわれわれ自身がブラフマンであるからです。われわれの自己であるアートマンは、ブラフマンにほかならないのです。

ではもし人間の真の本質が神性であるならば、なぜ人はこれほどまでにそのことに気づいていないのでしょうか。この質問への答えは、マーヤー、すなわち無知の概念にあります。マーヤーとはわれわれ自身の真の本質を、そして世の中の本質をおおいかくすヴェールです。マーヤーはまったく人知をこえた不可解なもので、なぜそれが存在し、またいつ現れたのか誰にもわかりません。ただ、マーヤーが他のいかなる無知においてもそうであるように、知識によって、つまりわれわれの自己の神性の認識によって消滅する、と言うことだけは確かです。

ブラフマンが存在すればこそ私たちも存在するのです。ブラフマンのもとにわれわれわれは生き、行動し、存在しています。ヴェーダーンタ哲学の基礎であるウパニシャドのなかでは、「すべては、まさにブラフマンである」と言明されています。変化し続けるこの世のなかは、映画のスクリーンの映像にたとえることができます。背景に変わらないスクリーンがなければ映画にはなりません。同様に、この変化する世の背後に、存在の基層としての不動のブラフマンがあればこそ、世界が実体を持ちえるのです。

しかしながら、私たちはこの事実をひずんだ鏡のように、時や空間、そして因果関係などにより、つまり、原因と結果の法則によってゆがめられた形でしか見ることができないようになってしまっています。自分自身を認識するとき、われわれは、自己のアートマンや神性によってではなく、自分の体や心、エゴによって認識します。そしてこのあやまった認識によって、真実を見る視点はさらにぼやけていくのです。

この誤解によって、さらなる無知や苦しみが将棋だおしのようにふえていきます。自分自身を体や心と同一視するとき、われわれは病や老いを恐れます。そしてエゴと同一視すると、怒りや嫌悪、そのほか多くの苦難にさいなまれることになります。しかしながら、これらのいずれも、われわれの真の性質であるアートマンに影響を及ぼすことはありません。

マーヤーは、太陽をおおう雲にたとえられます。太陽が空にとどまっているにもかかわらず、濃い雲のために、われわれはそれを見ることができません。そして雲が散ったあと、われわれは太陽がずっとそこにあったことに気づくのです。自己中心やわがまま、嫌悪、貪欲《どんよく》、色欲、怒り、そして野心として姿をあらわすマーヤーの雲は、われわれが真の性質を瞑想《めいそう》し、また利他的な行為をし、誠実さ、純粋さ、満ちたりた心を持ち、自己を律し何事も恐れぬ生き方をし、人の真の性質を日々の生活の中にしめすとき、おしのけられます。この精神の浄化によって、マーヤーの雲は追いはらわれ、そしてわれわれの自己の神性が光をはなつのです。

七世紀のインドの偉大な哲学者であるシャンカラは、「ロープとヘビ」のたとえ話をもちいて、マーヤーの概念を解説しました。ある男が、暗い道を歩いていたところ、彼は一匹のヘビを見つけました。彼の心臓の鼓動は高まり、脈拍がはやまりました。しかし、近づいてよく見てみると、実はその「ヘビ」は、ぐるぐると巻かれた一本のロープだったのです。いったん、その思いこみがとけると、ヘビは永久に姿を消しました。

これと同様に、無知という暗い道を歩いているとき、人はみずからを、死をまぬがれない存在と思い、またわれわれのまわりの、名前や形状があるすべての物は、時や空間または因果関係によって、限定されたものと思いこんでいます。そして、人はみずからの制約や束縛、苦しみに気づくようになるのです。しかし、さらにくわしく調べてみることで、万物《ばんぶつ》とともに、人間も実はブラフマンであるということが判明します。一度その思いこみから解放されれば、この宇宙も、死すべき自己も永久に消え去ります。そして、われわれはあらゆる場所、すべての物に、ブラフマンを見るようになるのです。

第三章　苦悩の問題：カルマと再生

人間の苦悩は、宗教上でもっとも根源的な謎《なぞ》の一つとなっています。なぜ、なんの罪もない者たちが苦しむのか。なぜ神は悪を許すのか。神は無力なのか、それとも御手をさし伸べないことにしておられるのか。もしそうだとするなら、神は無慈悲なのか、あるいはただ無関心でおられるのか。

ヴェーダーンタは、これは神を審理の場にすえて論じるような問題ではなく、完全にわれわれ人間側の問題であると主張しています。神のせいにも、そして悪魔のせいにもすることはできません。なぜならそれは、外的な作用によるものではないからです。人生でおこる出来事はすべてわれわれ自身に責任があり、現世もしくは前世における自らの過去のおこないによって、そのむくいを受けとっているのです。このことをさらに理解するため、まずカルマの法則について理解する必要があります。

カルマという言葉はサンスクリット語の「クリ」つまり「行ない」が語源となっています。そしてこのカルマは「行為」と同時に「行為の結果」をも意味します。

われわれが行うすべての行為や思考は、われわれ自身の心に、そしてまわりの宇宙万物（世界）に印象をきざみます。「人は自分のまいたものを刈りとることになる」とイエス・キリストがいったとおり、われわれは自らが世界に与えたものを受けとるのです。よい行為はよい結果を、そして悪い行為は悪い結果を作りだしているのです。

心の刻印

われわれがなにか行動し思考するとき、心の上にはいつもしるし、いわば微妙な溝のようなものがきざみ込まれます。この刻印、溝は〝サムスカーラ〟として知られています。この刻印の過程にわれわれが意識をむけることもありますが、往々にしてそれは無意識のうちになされます。ある行動や思考がくりかえされるとき、この溝はふかくなります。この溝、つまりサムスカーラの結合が個人の性格を作りあげ、思考や行動に大きな影響を与えています。たとえばすぐに腹をたてる行為は怒りの心を作りだし、忍耐や理解よりも怒りで反応しやすくなります。水がせまい水路に入り込むとその流れの勢いが増すように、心の〝溝〟は、われわれの行動パターン（様式）の水路をつくりだし、それに抵抗したり逆行したりすることは非常にむずかしくなります。根ぶかい精神的な習慣をかえることは、文字どおり困難な戦いとなるのです。

もし、われわれの思いの大部分が親切、愛、思いやりなどの感情で満たされているならば、個人の性格にも反映し、これらの思いは遅かれ早かれ、われわれのもとに返ってきます。そしてもし憎悪や怒り、狭量な思いを発信するならば、これらの思いもまた自分自身に戻ってくることになるのです。

思いや行動は、弓矢というよりはブーメランのように最終的に自分のかえる場所を見つけて戻ってきます。カルマの影響は瞬時に、またはこれから先の人生や来世のなかでいつの日か、しかし必ずおこります。解放が達成されるまで、われわれはこのカルマの法則の制限のなかで、つまり原因と結果の連鎖のなかで生き、そして死ぬのです。

もし解放が達成されていない場合、人の死に際してどのようなことが起こるのでしょうか。

人が死ぬとき、肉体のみが亡くなります。そして精神的な感情をふくむ心は、肉体の死のあとも生きつづけます。人が生まれ変わるとき、新しい肉体と、前世の「溝」や印象がきざまれた古い心とが結びつき「誕生」となります。そして環境がととのうと、このサムスカーラはふたたび新しい人生のなかでおもてにでてくるのです。

幸いなことに、このプロセス（過程）は永遠には続きません。神の認識や自己の認識が達成されるとカルマの法則を超越します。自己は肉体や心に帰属することをやめ、われわれは本来の自由性や完全性、そして至福をとりもどします。

これらはとてもすばらしく聞こえますが、しかし実際世のなかでおこっている出来事をじっくり見わたしてみると、道理にあわないと感じられます。うわべのみで判断すれば、おおくの邪悪な人たちが運命のしめ縄からのがれ、平安のなかで死をむかえているように見えるかもしれません。そしてさらに悪いことには、善良で高潔な人々があきらかな理由もないなかで苦悩にさいなまれ、彼らの良心は嫌悪や苦痛へとさし替えられていると映ります。ホロコースト（大量殺戮《たいりょうさつりく》）や幼児虐待などの事件が実際に起きています。

不条理な世界？

表面上で判断するならば、世界は善くいっても不条理なものと映り、悪くいえば悪意に満ちたものと映ります。しかしそれはわれわれが物事をふかく見つめていないからです。前世そして後につづく来世を見ていないからなのです。災難や勝利という一つの出来事を見るとき、それはとてもとても長い映画のなかの静止画を見るようなものです。だれもその映画の始まりも、終わりも見ることはできません。しかしたしかなことは、すべての人は、たとえどんなに堕落した人物であっても、いくつかの生涯をへていくつもの苦悩を確実に通り、そして最終的にはいつか彼ら自身の神性に気がつくのです。そしてそれが映画の必然的で幸せな結末となるのです。

カルマ＝運命論？

このカルマの法則があるからと言って、ヴェーダーンタは冷淡な運命論的な哲学だといえるでしょうか。けっしてそのようなことはありません。ヴェーダーンタは個人に力を与えるものであり、人の心を愛をもって洞察した教えなのです。まずわれわれ一人一人がみずからの思考や行動をとおして今の人生をつくったのなら、またこれからの人生を作りあげる力も持っているということです。これはいやおうなしに、みずからで責任を取ろうと取るまいと、われわれが人生のあゆみのなかで実際に行っていることなのです。ヴェーダーンタは他のものに責任を転嫁することをみとめません。すべての思いや行動がわれわれの将来をきづいていると、説いています。

カルマの法則は、すべての出来事はわれわれが当然受けるべきむくいであるとして、他人に対して無関心で良いとしているでしょうか。もちろん、絶対にそのようなことはありません。もしカルマで苦しむ人がいるならば、できる限りの方法でその苦しみをやわらげてあげられる機会があります。そしてそれが良いカルマとなります。そのことで英雄になる必要はありませんが、たとえやさしい言葉だけでも、われわれはいつも苦しんでいる人に手を差し伸べることができるのです。もしまわりで苦しむ人に対しなんの手助けもしないと決めるならば、それはみずからに悪いカルマを記録することになります。そして実際には、われわれ自身を苦しめる結果となるのです。

統一性は宇宙（世界）の法則であり、そしてその真実はあらゆる愛や思いやりの行為の根底となっています。自己であるアートマンは、同一の魂として万物に存在しています。二つのアートマンは存在しえないのです。意識は分割できるものではありません、それはすべてのものにゆきわたっています。私のアートマンとあなたのアートマンがことなることはありません。それだからヴェーダーンタは次のようにといています。「あなたの隣人を愛しなさい。なぜならその隣人はあなた自身であるからです」

第四章　精神的な実践：ヨーガ

「ヨーガ」という言葉は、近年では宗教講話の中よりもスポーツジムで頻繁に聞かれるようになりましたが、ヨーガのもともとの意味は体操とはまったく関係がないものです。このヨーガの語源は、「結合」または「一体化」という意味のサンスクリット語、ユージという動詞です。ヨーガの目的は自分自身と神を結びつけることであり、ヨーガの実践はこれを達成するための道です。

精神的向上心の高い人を、大きく四つの心理的傾向の型に分類することができます。主に感情的なタイプ、主に理論的なタイプ、身体的に活発なタイプ、そして思索的なタイプにわかれます。そしてそれぞれの心理的傾向に適するとされる四つの主要なヨーガがあるのです。

まずはじめにこれらの分類は、完全に区切られるものではないということを言明しておく必要があります。実際に、完全に感情的、完全に理論的、完全に活動的、もしくは完全に思索的というのは、だれにとっても悲惨な心理状況となるでしょう。

それぞれのヨーガはとけあい、それぞれがバランスをたもち、補強し合っています。

愛の道

理論的というより感情的な人には、バクティ・ヨーガが推薦されます。バクティ・ヨーガは献身の道であり、神への愛や愛による瞑想《めいそう》をとおして神に到達する方法です。これはもっとも自然な道であり、ほとんどの宗教ではこの精神的な道に重きがおかれています。他のヨーガと同様に、神の信仰者であるバクタは、神への到達、神性との一体化を目的としています。バクタは愛の力、もっとも強力でおさえがたい感情をとおしてこれを達成していきます。

愛はだれもが持つ感情です。すべての人がだれかを、またはなにかを愛し、しばしばそのおもいはとても強烈なものとなります。愛によって人はみずからを忘れ、全集中を敬愛する対象にささげます。自分自身の幸福よりも愛する者の幸福を考えることで、われわれの利己的な考えは弱められます。愛は人に集中力をあたえます。愛は、たとえ本意でなくても、人はみずからの愛の対象をつねに忘れずにいます。愛は、簡単でまったく痛みをともわない方法で、充実した精神生活をおくるために必要な前提条件をつくりだしていくのです。

それゆえにヴェーダーンタのなかでは、「愛の力を浪費してはならない。この力を神の認識のために使いなさい」と言明しています。人間は他人を愛するとき、実際には、無意識のうちにその人の内にある神性に反応しているのです。ウパニシャドの中には「夫を愛するがゆえに夫がいとしいのではない、自己を愛するがゆえにいとしいのだ。妻を愛するがゆえに妻がいとしいのではない、自己を愛するがゆえにいとしいのだ」と謳《うた》われています。他にたいする愛は、その内在する神性に遭遇したとき、利他的で動機のないものへと変えられます。

残念ながら、たいていの人は愛をけんとうちがいな対象によせています。みずからが愛している人や物に対して、真実で、完全で、すばらしいというような思いこみを投影しています。しかしながら、神のみが唯一真実で、完全であり、すばらしい存在なのです。だからヴェーダーンタでは、「重きを帰属する場所に戻しなさい」と、すなわち出あうすべての人に内在する神性の本質のうえに置くようにと謳《うた》っています。それが愛の実体なのです。

われわれは限りある人間のことであれこれと悩むより、切望をもって神をおもうべきです。おおくの精神的指導者は、神にたいして特定の献身的なしせいをとるよう提言しています。神をあなたの主人、父、母、友人、子供、あるいは最愛な人としておもいなさい。そしてそのなかで、自分にとってもっとも自然でもっとも神が身近な存在と感じる対象を決定しなさい、とすすめています。

イエスは神というものを、天にいるみずからの父として考えられていました。そしてラーマクリシュナは神を母として敬愛しました。おおくの偉大な聖者たちは神を、子なるイエス、子なるクリシュナとして崇拝し、完成の域に到達しています。またおおくの人々がキリストを花婿として、またクリシュナを愛する者として敬愛し、完成に到達しています。そしてその他の人々は神を支配者として、もしくは友人として崇拝し、完成へと到達しています。

忘れてはならない重要なことは、神とは、もっとも身近な中でもっとも近い、そして最愛の者の中でもっともいとしい存在である自分自身である、ということです。心が神への思いに没頭していけばいくほど、事情がゆるせば、人生の目的である神の認識への達成に近づいていくのです。

おおくの人々が愛と献身をとおして神を熱心に崇拝しています。しかし愛よりも分別によって動機づけされる霊的求道者にとって、バクティ・ヨーガは精神的な方向がことなります。力強く、識別力のある知識人には、理性の力をつうじて完成を追求するギャーナ・ヨーガの道が適していると言えます。

知識の道

ギャーナ・ヨーガは知識のヨーガです。この知識とは頭脳的な知識ではなく、ブラフマンとアートマンについての知識、そしてそれらの一体性についての認識です。神の信仰者がハートの高まりにしたがう一方、ギャーニは現実と非現実とを、また永遠のものと一時的なものとを識別する知的な心の力を利用します。

ギャーニは非二元論、またはアドヴァイタ・ヴェーダーンタを信奉しています。ブラフマンが唯一の存在であると信じているため一元論者ともいわれています。もちろんヴェーダーンタを信奉するすべての人は一元論者であり、すべてのヴェーダーンタ学派はブラフマンが唯一の存在であると主張しています。すべてのヴェーダーンタ学派は哲学的には一元論ですが、霊性の実践において区別すると、神の信仰者は、神との甘美な関係を味わうために、自分自身と神とをわけて考えることを好みます。対照的に、ギャーニはあらゆる二元性は無知であると考えています。人間は自分自身のそとがわに神性を捜し求める必要はない、なぜならわれわれ自身がすでに神であるからと考えるのです。

なにが人間の真の本質や、まわりの世界の本質を理解することをさまたげているのでしょうか。それは、マーヤーのヴェールです。ギャーナ・ヨーガは、二つからなりたつアプローチ（方法）をとおしてそのヴェールを直接はがすというプロセス（過程）をとります。

第一の道は否定的なネーティ、ネーティ、「これではない、これではない」という過程です。この道では、われわれをとりまくすべてが非現実的なもの、つまり一時的で、不完全で、変わり行くものとしてとらえられ拒絶されます。第二の道は肯定的な過程であり、すべてが完全で、永遠で、不変なものとして理解されます。この道ではすべてが至高の意識の観点から現実としてとらえられます。

さて、人間が認識している宇宙万物は非現実であるといえるでしょうか。答えは「はい」であり「いいえ」です。絶対的な感覚からみれば、それは非現実となります。万物とそれにたいする人間の認識は暫定的な事実にすぎず、究極ではありません。前述のヘビとロープの話に戻ると、ロープ、つまりブラフマンはヘビであると認識され、すなわちそれが人間の万物に対する認識なのです。ヘビをヘビとしてみている間は、それは暫定的な事実です。みずからの認識に反応して、心臓の鼓動は高まります。そしてそのヘビが実際に何であるのかわかると、人はみずからの思い違いをわらうのです。

人間がみずからの感覚、心、知力をとおして認識したすべての対象物は、われわれの肉体や心そのものが持つ性質から、そもそも限定的な認識でとらえられます。

しかしブラフマンは無限で、制限されることはありません。それゆえ、空間、時間、因果関係により変化するこれら宇宙万物は、無限、すべてに浸透しているブラフマンではありえません。人間の心はあらゆる状況においてしばられます。どのような心や知力も、無限で完全なるブラフマンにはなりえません。ブラフマンは通常の心が到達できる域をまちがいなく超えています。ウパニシャドの中で、「ブラフマンは言葉や知的な心のおよぶ域を超えている」と言明されています。

しかしなお、われわれが認識すべき存在はブラフマン以外にはあり得ません。ブラフマンは無限で、すべてに浸透し、そして永遠です。二つの無限は存在しません。人がつねに見ているものはブラフマンのほかになく、あらゆる限界はわれわれのあやまった認識にすぎません。ギャーニは現実と非現実とを識別する否定的な過程と、そして自己肯定による肯定的な過程をとおし、このあやまった認識を力強く取りのぞいていきます。

自己肯定では、人間の真の本質はなんであるのか、人間はこの小さな身体に制限されるものではない、また個々の心によって制限される存在ではない、ということをたえず確認していきます。われわれは霊的な存在です。けっして生まれることも死ぬこともありません。人間は純粋で、完全で、永遠で、そして自由なものです。それが人間の存在におけるもっともすばらしい真理です。自己肯定の背後にある理念はとてもわかりやすく、「あなたが思うように、あなたはなる」というものです。人間はいくつもの人生をとおし、自分自身について有限で、取るにたらない、弱い、救いようのない存在であると考えるようにプログラム（予定）されています。これはなんとひどい、恐れにみちた嘘《うそ》なのでしょうか、そして何とはなはだしい自己破壊なのでしょうか。それは毒の中でもっとも有毒なものです。もし人がみずからを弱いと考えるなら、人はそのとおりに行動をするでしょう。もし救いようのない罪びとであると考えるならば、きっとそのとおりに行動するはずです。そしてみずからを純粋で、完全で、自由な魂としてとらえるなら、また同様にそのとおりに行動をするでしょう。

人間はみずからの心にあやまった思いをくりかえし叩《たた》きこむうちに、あやまった印象を作りだしています。ですから正しい思想、純粋な思い、力の思い、真実の思いを脳にたたきこむことで、その過程の方向をかえていく必要があります。アシュターヴァクラ・サムヒターという伝統的なアドヴァイタの教典のなかに、「私は汚れのない、平静で、純粋な意識であり、かつ本質を超越する。今まで私は幻想による錯覚のなかにいたのだ」と言明されています。

ギャーナ・ヨーガは、この錯覚のプロセス（過程）をとめ、人間は今もそしてこれからもつねに自由で、完全で、無限で、そして不滅の存在であると理解するために、識別する知能を利用します。そしてそのことを認識することによって、われわれは他のなかにも同等に純粋で完全な神性がおなじように存在すると気づくのです。もはやそこには、「私」や「私のもの」といった苦しいかぎられた制限はなく、人は唯一のブラフマンをあらゆる場所やあらゆる物の中に見るのです。

働きの道

カルマ・ヨーガは、行動または働きのヨーガです。とくにカルマ・ヨーガとは、献身奉仕の道であり、自分の仕事の成果を自分自身に蓄えるのではなく、精神的供物としてその成果を放棄するというものです。

前項でのべたとおり、カルマには行為という意味があり、また行為の結果という意味があります。われわれの現在の体験はみずからのカルマの結果であり、良いことも悪いことも自分の以前の行為によってつくられています。しかしこのみずからが作りあげた因果の鎖は、カルマ・ヨーガによって断ち切ることができます。火をもって火を制するように、カルマ・ヨーガを剣として、因果の連鎖を止めるのです。働きの過程から自分自身のエゴを引きはなし、その成果を高次の力――それは人格神であってもよいし内なる自己であっても良い――に捧《ささ》げることによって、この雪だるま式の過程を止めることができるのです。

意識をしていてもいなくても、つねに人はなんらかの行為をしています。座ることや考えることさえも行為です。生きている中で、さけることのできない不可欠の要素であるので、われわれはこの行為を神の認識の道として再構築する必要があります。ヒンドゥ教のなかでもっとも神聖な聖典であるバガヴァッド・ギーターの中では、次のようにのべられています。

あなたが行うあらゆる行為、食事や礼拝
あなたが他者に与えるすべての贈り物

神聖な働きに対するあなたのすべての誓い……
これらも私への捧物《ささげもの》として差しだしなさい

人は皆、心に期待をいだいて仕事をする傾向があります。職場では同僚から尊敬や感謝を受けるために、そして上司から昇進の辞令をもらうために、一生懸命働きます。自分の家の庭を美しく手いれするのは、近所の人からあからさまに羨《うらやま》しがられないとしても、その良さだけでもわかってもらおうと期待しているからです。学校では良い成績をとるために、そしてそれによってよい将来がもたらされることを期待して、一生懸命勉強します。称賛と喝采《かっさい》を受けることを期待して、すばらしい料理をつくります。そしてだれかからのよい評価を期待して、うつくしく着飾るのです。人は生活の大半を反射的に、無意識のうちに、ただ将来の結果を期待してすごしているのです。

しかしながら、これは危険な傾向です。霊性にしたがった見解では、これらの期待や予期はすべてトロイの木馬［一］であり、遅かれ早かれ不幸をもたらすとされます。人の期待や願望はつきることがなく、また緩和されることもないために、この不幸はさけることができない。われわれの意欲がエゴを喜ばせ拡大させるため、期待どおりにいかない場合には人は失望のどん底におちいり、カルマの束縛をとくよりも、むしろ新しい鎖を作っているのです。

献身的な人も、知的な人も、また瞑想《めいそう》的な人であっても、カルマ・ヨーガはほかの霊性の道と並行して簡単に実践することができます。たとえ、主に瞑想《めいそう》的な生活に利点を求める人であっても、カルマ・ヨーガから得られるものは大きいのです。なぜなら身体的に行為することも、精神的に瞑想《めいそう》することと同じように効果的な結果を生みだすからです。

帰依者がみずから愛する神に花や線香を捧《ささ》げるように、行為や瞑想《めいそう》も神への礼拝として捧《ささ》げることができます。帰依者は神がすべての生き物の心のなかに存在することを知り、神みずからの生きうつしと見てあらゆる人々に奉仕することによって、神を礼拝することができるのです。イエス・キリストの言葉に、「人に対する行いを、主に対してするように行いなさい」という内容の言葉があります。

そしてバガヴァッド・ギーターの中では、「ヨーガ行者は、万物のなかに私を見、私のなかに万物を見る」とのべられています。それから、次のように続きます。「最高のヨーガ行者は至福に満ちあふれ、生きとし生ける者の悲しみを自らの心のなかに受けとめる」

知識の道を実践するギャーニたちは、異なった、しかしながらどうようの効果がある針路をとって進んでいます。彼らは肉体や心が活動をしていても、実際にはそれらがまったく作動していないということを認識しています。意識の活動のなかにあっても、彼らはアートマンのふかい静寂のなかで平静をたもっています。ギャーニたちは、人は肉体でもなく、心（思考）でもないということをたえず意識し、傍観者としての姿勢を維持しています。そして彼らは、アートマンには疲労も心配もなく、興奮したりせず、純粋で完全で自由な存在であり、さらにアートマンは、努力してなにかをしたり、達成すべきゴールをみずから持っているというわけではないことを知っています。

すべてのヨーガは、われわれの生活を世俗的な部分と、霊的な部分に分類するのではなく、人生全体を霊的に、神聖なものにすることを目的としています。とくにカルマ・ヨーガは、逃避するための行為を認めないため、この目的において効果的です。人生そのものが神聖なものであるということを断言し、カルマ・ヨーガは日々の生活のなかで、われわれに自由の道を切りひらく手段を与えてくれるのです。さらにバガヴァッド・ギーターのなかから、カルマ・ヨーガについての言葉を引用します。

「こうしてあなたは、みずからの行為による善悪の影響から、自由になることができるのである。すべてを私に捧《ささ》げなさい。もしあなたの心が私と結びついていれば、あなたは今生においてさえもカルマから解放され、最終的に私のところへやってくる」

瞑想《めいそう》の道

そして最後の四つ目のヨーガは「ラージャ・ヨーガ」、瞑想《めいそう》の王道です。国王が国を支配するように人はみずからの国、つまり心の広大な領土を制することができます。ラージャ・ヨーガでは人間の精神力を利用し、精神統制の過程をとおして、アートマンを認識していきます。

ラージャ・ヨーガでは、人間の神聖なる自己は心の妨害によってかくされている、という考えが基本前提となっています。もし心が静寂で純粋であるなら、自己は自動的に、瞬時に輝きだすでしょう。バガヴァッド・ギーターに次のとおりのべられています。

ヨーガの修練によって
心がたえ間ない動きを止め、静寂を得ると、
人はアートマンを認識するだろう。

波に煽《あお》られ、公害で汚染され、観光客に汚されスピードボートによって波だった湖を想像すれば、われわれの通常の心の状態を、適切に理解することができるでしょう。

このような主張をうたがう者は、勇敢な精神で静かに座り、アートマンについて瞑想《めいそう》してみるといいでしょう。一体何がおこりますか。何千もの異なる思考がわれわれを襲い、心を外側に向かわせようとします。ブンブンと音をたて飛びまわるハエは急に重要なものとなります。夕食のことを考えはじめます。初めてどこにカギを忘れたか思いだしたりします。前日した口論はさらに鮮明に強力によみがえってきて、「瞑想《めいそう》」のなかで巧妙に反論をくわだてたりしています。ひとつの思考がとまった瞬間、次の思考がおなじように強引に割りこんできます。その思考の内容は、ひどく動揺をおこすようなものでないならば、愉快なものなのでしょう。

人はみずからの心を統制しておらず、真剣に観察することも、ましてや心の修練も行なっていないため、一貫性のないこの心の動きに関して、ほとんど無意識にすごしています。親によるしつけ不足によって、だれもが恐れるような子供が育つように、精神の統制の欠如によって、人は動揺や、はてしない困難を感じています。

精神が統制されていないため、心は幼児と同レベルの状態なのです。それだから、悲しいことに人は精神的苦痛にさいなまれています。

制御されていない心による生活になれて大人になってはいるが、その一方で、そのような自分のありさまを良しとしてそのまま受け入れることもけっしてできません。ヴェーダーンタでは、人は心を征服することができ、修練をくり返すことによって心の犠牲になるのではなく、みずからの召使とすることができる、とのべられています。人間の心は修練すれば信用のおける友人となり、修練せず無関心でいると、家をのっとろうとする敵となるのです。

それでは、前述の汚染された湖のかわりに、きれいな透きとおった湖を想定しましょう。湖には波もなく、汚染もなく、観光客もスピードボートもありません。そしてガラスのようにすきとおり、おだやかに、平穏に、静まりかえっています。その湖のきれいな水をのぞいて見ると、湖の底面をくっきりと見ることができます。

湖の底は、たとえていうと、人間の心の奥ふかくに存在するアートマンなのです。

心が純粋で平穏なとき、真の自己は、視界のさまたげからもはや解放されます。

ヴェーダーンタの中では、「心はあなたのものになる」とのべられています。

ではいったいどのようにしてでしょうか。さらにバガヴァッド・ギーターの言葉を引用します。

> 霊性の求道者よ、知的な意志によって少しずつ、しんぼう強く、精神を妨害するすべてのものから離れなさい。心をアートマンの上に留め、それ以外のことを考えずにいなさい。そうすれば、落ちつきのない不安定な心がどこをさまようとも、引き戻され、ひとりでにアートマンに従うだろう。

瞑想《めいそう》や倫理道徳（ヴェーダーンタの中でたたえられる倫理道徳のヤマとニヤマについては後に説明）をくりかえし修練することによって、心は浄化され平安をえます。

一般的見解はべつとして、道徳倫理の実践と並行せずに瞑想《めいそう》を実践することはできません。それはまさに水もれする船で航海へでるようなものです。

アートマンを認識する非常に困難な作業のなかでは、すべての心で完全に実行していかなければなりません。人はみずからの人生を区分けしたり、世俗的な部分と霊的な部分を両方いっしょに維持することはできないのです。水もれする船で大洋を横断することができないように、二本の足をべつべつの船にいれて航海することもできません。人は人生のあらゆる側面を統制し、一つのすばらしい目標にむかってみずからのエネルギーをまっすぐに向けなくてはならないのです。

しかし、神の認識のために完全に世を捨て出家し、洞窟《どうくつ》や僧院、修道院に住むべきだと言っているわけでありません。神を認識するという目標にまっすぐ向かうために、あらゆる生活において霊的であるべきなのです。

ラージャ・ヨーガは瞑想《めいそう》――単独で実践される――の道であるため、一般に静観的な生活をおくる人々によって行われています。私たちのたいていは、そういった部類にはけっして入りません。しかしながら、ラージャ・ヨーガは他のあらゆる霊性の道の本質的な構成要素となっています。なぜなら、瞑想《めいそう》により愛情に満ちた神を回想したり精神的な識別に熱中したり、または無私の行為を決定的に導《みちび》くからです。

どのように、そして何について瞑想《めいそう》をすればよいかの指針については、熟練した霊性の師に直接的にまかされています。瞑想《めいそう》はきわめて個人的なものです。

それだから、真の霊性の師のみが弟子個人の傾向を的確に判断し、しかるべく弟子の心を導《みちび》くことができるのです。

その上、霊性はみずから会得するものであり、教えてわかるようなものではありませんん。真の霊性の師は、みずから到達した力によって、弟子のなかに宿る霊性への情熱に火をともします。弟子のロウソクは導師の火によってともるのです。私たちのロウソクは、読書によってともすことはできません。同じように、宗教的な生活からかけ離れていながら宗教について説く未熟な教師にも、ロウソクはともせません。真の霊性は伝達されるものです。純粋かつ無私であり、霊性が覚醒《かくせい》し一定レベルに到達した導師によってのみ、われわれの眠っている火はともされるのです。

とはいうものの、瞑想《めいそう》についていくつかの基本的なガイドライン（指針）があります。有形であっても無形であっても、私たちの心に訴えるのなら、どのような概念の神であっても、私たちを向上させるとともに助けとなります。神は外側に、もしくは内側に存在するものとして考えることができます。しかしながら、ラーマクリシュナは、「心は瞑想《めいそう》するのにすばらしい場所である」、と内なる神について瞑想するよう説いています。みずからの心に訴える神の名前をくり返し唱えるのは良いことです。神聖な音節である「OM（オーム）」を唱えることも同じように良いことです。そして習慣化するために、きまった時間に瞑想《めいそう》することは助けになります。瞑想《めいそう》のために静かで、清潔で、平穏な場所を確保することも手助けとなるでしょう。

［一］古代ギリシャとトロイの戦争にでてくる、ギリシャ軍が作った巨大な木馬。木馬の中にギリシャ軍が隠れていた。ギリシャ兵士の一人が、これはトロイへの贈り物、ギリシャ軍は帰還した、と言った。それを信じこんだトロイ軍は、木馬の中から出てきた帰還したはずのギリシャ軍の策略のために壊滅した。この木馬作戦の象徴。

第五章　霊性の基本原則：倫理と道徳

ヴェーダーンタの倫理や道徳は、人間の本質である神性について悟り、それを体現していくという理想にねざすものです。端的にいうと、そのようなゴールに私たちを導《みちび》くものはなんであれ、倫理や道徳であるといえます。それを得ることを妨げるものはなんであれ倫理や道徳とはいえません。

泥に埋もれたダイアモンドのように、アートマンは私たち人間のなかで輝いているにもかかわらず、その純粋な輝きはなんじゅうもの無知の層、つまりまちがった認識や知識、誤解によっておおい隠されています。人はすでにある、自分いがいのなにかになろうとしているわけではない、ということを強調することは重要です。完璧《かんぺき》に純粋になろうと努力しているのではない、人はすでに純粋な存在なのです。完璧《かんぺき》になろうとしているのでもない、すでに完璧な存在なのです。それが人間の本来の姿なのです。人がその本来の姿にあわせ、気高く、誠実に、また思いやりをもって行動することによって真の実態をおおい隠しているヴェールは取りのぞかれていくのです。この現実を歪《ゆが》めるものは、すべて真理の曲解によるものです。すべてのヴェーダーンタ倫理は、そういうわけで、「この行為や思考は、真実を悟る手助けとなっているのだろうか。それとも私を真実から遠ざけているのだろうか」という、シンプルな推論に基づいています。

別の角度から、次のような同様の質問をすることもできます。「真実を認識することを妨げているのは何か」それは、〝私〟や〝私のもの〟といったエゴです。偉大な霊性の指導者であるラーマクリシュナは、「〝私〟や〝私のもの〟という感情が実態を覆い隠し、そのために人間は真実を理解できない」とのべています。そしてさらに、「エゴが消滅したときに、すべての問題は解決するのだ」と、説いています。

では、エゴはどのように倫理性や道徳性と関係しているのでしょうか。実にすべての点で完全にかかわっています。あらゆる道徳規範は利他主義、つまり自分のことよりもまず他人を思いやり、みずからのエゴを脇役《わきやく》へまわす、という理念にもとづいています。利己的な欲求にしたがうことは、つねに人間の霊的な生活に悪影響をあたえています。行動や思考の大小にかかわらず、利己主義は無知のヴェールをさらに厚く暗いものにしていきます。反対に無私で利他的な行為には、その大小に関係なく、逆の効果があるのです。

それだから、他人のためによい行為をするということは普遍的な倫理観であり、道徳規範であり、あらゆる宗教や社会の中で見うけられます。ではなぜ普遍的なのか。それは人間が無意識に直感している真実、つまり生命の一体感を反映しているからです。

愛、共感、思いやりは、人にこの真実を確信させるものです。これらの感情は万物の現実を映しだしているため、反射的な反応となります。人が愛や思いやりを抱くとき、たとえそれが無意識であるとしても、すでに存在する一体感というものが、真実であると証明できます。しかし憎しみや怒りねたみを抱くとき、人は自分と他人とを分けてとらえ、果てしなく無限であるみずからの本質を否定しているのです。

この問題の根本的な原因はなにか。それは人間のあやまった認識、つまり自分自身を無限の魂としてではなく、心や体としてとらえていることにあります。ラーマクリシュナの偉大な高弟、スワーミー・ヴィヴェーカーナンダは、「人はみずからのことを、自分は小さな肉体であると思った瞬間に、他者を犠牲にして自分自身をまもり、保護し、よい状態を維持したいと思うようになる。それにより自分と他者とは分かれた存在となる。そして、この区別を考えた途端に、すべての災いへの扉が開かれ、すべての不幸へと導《みちび》かれるのだ」と、説いています。

道徳の意味

ヴェーダーンタが説くすべての道徳は、人間が自己の真の性質に気づくことを目的としており、その徳にしたがわずして、霊的な成長を成しえることはできません。どのようなことを試みたとしても、それは基盤なしに家を築くようなものです。究極の真実をどうしたら悟れるかを考えるまえに、私たちはまず、真の価値にもとづいた本来の生活の基礎工事をおこなう必要があるのです。

霊的な生活とは計画性のない事柄ではなく、人間がつねに直面しながら、もっとも真剣に取り組まなくてはいけない課題です。そしてそれは道徳的で、倫理的な生活をおくらずには、絶対に不可能なことです。けっしてうまくいかないのです。

ヴェーダーンタが倫理的生活に重きをおいているのであれば、一体どのような道徳を重視すべきでしょうか。古代インドの賢者の一人であり、またインド哲学の父であるパタンジャリは、日常の道徳生活の基本を体系だてました。それは何千年来ひき継がれてきています。

詳述するまえに、これらの教訓の役割とは、霊的に利益となる習慣を作りだす手段、霊的な道具であるということをいっておかなければなりません。これらの手段は人が瞬時に到達できるようなゴールではなく、追求すべき理念であり、また見習うべき模範なのです。とはいえ、これらの手段を使うことによって、人はみずからを強く成長させ、理想に近づくことができるということをおぼえておくのも大切です。

パタンジャリはこの道徳的指針をヤマとニヤマという二つの種類にわけてといており、それぞれの項目は五つの教えで構成されています。

道徳原則：ヤマ

ヤマは、非暴力、誠実、不盗、貞節または禁欲、そして贈答品を受け取らないという五つの教えからなります。そしてニヤマは清浄、満足、精進、学習、神への献身からなっています。

これらほとんどの規律は自明の理と思われますが、いくつか追加的な説明が必要なものもあります。スワーミー・ヴィヴェーカーナンダは、「真剣に霊性の探求をおこなう者は、自らの思いや言葉、そして行動によって他者を傷つけるようなことを考えてはならない。慈悲とは人類に対してのみならず、その範囲をこえ、世界全体を包むものなのだ」と、といています。

誠実には、真実を語ることだけでなく、思考や言葉そして行動においても、真実に忠実であるということもふくまれます。ラーマクリシュナがといた「心と唇を一つにしなさい」という教えは、現代における霊性の規律となっています。

不盗は、貪欲《どんよく》でないということも意味します。つまり他人の所有物を欲したり、横領したりしてはならないということです。他人の言葉や考えを、その出所が他人にあることを認めないまま自分のものとして表現することさえも、一種の盗みです。

貞節・禁欲については、二つの理由から強調されています。一つは、真剣な霊性の探求者にとって、普通なら性欲にむかうエネルギーを、浪費しないで、悟りへとむけなおす必要があるからです。そして二つには、身体的もしくは心理的な性活動によって、自分自身が魂ではなく、肉体であるという意識を強くしてしまうからです。われわれが霊的な生活の向上をめざすのであれば、他者を男性や女性といった身体としてではなく人間として、つまり神の現れとしてみることが必要なのです。

ここでつけ加えておきますが、ヴェーダーンタは、修道者のように厳格さを追求する人たちに対してだけでなく、すべての人々にむけられた教えです。ヴェーダーンタでは性的欲望とは、その核心を、神との一体化への切望である、と認識しています。ヴェーダーンタは修道者にたいして、禁欲の厳守を強調する一方、それ以外の人々にたいしては、性的責任と、自制をといています。修道者以外の人にとっての貞節とは、みずからの配偶者に対して貞操をまもるということです。それ以上に、正しい精神でとり組むならば、結婚生活は神聖な霊性の道です。配偶者もまた霊的パートナーであり、神性の現れとしてみなされるべきです。

ここまでのべてきた道徳的価値については、かなり正当だと思われるでしょう。しかし、贈答品を受け取ることにどんな問題があるのでしょうか。このガイドライン（指針）から、古代のヒンドゥ教の聖者たちが、いかに注意ぶかく心の働きを観察していたかをうかがい知ることができます。他者から贈物を受け取ることによって、人は義務感をいだくようになり、そのことで操作され自主性をうしなう可能性があります。贈物が転じて、実際は賄賂《わいろ》となる場合もあるのです。贈り主にたいし漠然とでも恩義を感じると、人の心は堕落します。その影響はときに明らかで、ときに微妙ですが、それが事実なのです。それだから、純粋な愛から贈られる品物以外は、いかなる理由であっても受けとるべきではありません。さもなければ、見えない糸が引かれるとつねに飛びあがる操り人形のようになってしまうでしょう。

道徳原則：ニヤマ

ニヤマにおいて、一番の美徳は清浄です。それは身体の清さだけでなく、精神的また道徳的な清さもふくんでいます。ねたみやうたがい、恨み、また意地悪な感情を抱くとき、その心は汚れています。人は風呂に入ることはできても、心が汚れたときの浄化に関してはいまだ成功していません。精神の清さには、快活であることが不可欠な要素です。

満足は、精神の清らかさと関係しています。不満足な心は乱れ、不幸せを感じるからです。人はみずからの現状に満足し、さらに前進すべきです。またこの満足とは、怠惰とは異なります。それは自分の現在の精神状態に満足すべきであるということを意味しません。われわれは神聖な不満をもつべきであり、同時に、みずからが存在する外界には満足する必要があります。

「精進」という言葉をきくと拒絶反応をしめす人もあるでしょう。ですが、その必要はありません。人はつねに精進しています。ただその言葉を使っていないだけなのです。精進なしには、どんな偉大な挑戦も成しとげることはできません。たとえば、学生はよい成績をとるために一生懸命勉強をしなければならないし、親はときに病気の子供を看病するために睡眠を我慢しなくてはなりません。われわれの仕事には大変な努力と長い時間を要するのです。

霊的精進とは、これらを一緒にしたものより、はるかに快いものです。なぜなら、到達すべきゴールはもっとも高いものだからです。ヴェーダーンタにおける精進とは、みずからの心や身体を鍛錬して、神を悟るためにそれらを意のままに制御するということです。それはまた、人生の大嵐のなかで安定した状態をたもつということとを意味します。

人生はだいたいにおいて、ヴェーダーンタがいうところの「相対する二つのもの」をしめしています。賞賛と非難、健康と病気、繁栄と貧困、喜びと苦しみといったように。それは同じコインの両側のようなものであり、片方を残しもう片方だけを取ることは結局できません。このような状況のただなかで、精神のバランスをたもつことはまさに精進です。人々の賞賛によって浮かれることも非難によって落ちこむこともなく、また、繁栄のなかで高慢になることも貧しさのなかで落胆することもありません。どんな状況においても、平静をたもつことが真の精進であり、そこにはエゴがでる幕はありません。

学習とは聖典を学ぶことだけではなく、マントラや神の名前をくり返すこともふくんでおり、霊性の探求者にとって極めて重要なことです。定期的に確実に実践するということも、学習の鍛錬に大切なことです。

決まりきった行動は霊的成長に貢献しないと思われるかもしれませんが、実際には、とても重要なことです。霊性の学習において、たとえそれが好きでも嫌いでも、疲れていてもいなくても、興味があってもなくても、規則正しい習慣を押し進めてゆくことで、人は根気強く最高の理念を追求することができます。人間の心はほんらい移ろいやすく、機嫌がいい時もあれば悪いときもあります。あるときは活気に満ち、またある時は怠惰である。それゆえに、自分自身の霊的生活を心の気まぐれに支配されてはなりません。規則ただしい学習の習慣によって、人は魅力的な、知的雰囲気を醸しだすようになってきます。そしてその習慣をくりかえすうちに、人の心は訓練されたとおりに一定の時間になると自然と静まるようになります。

だれもが知るように、霊性の探求者に対するガイドライン（指針）は、厳しく困難です。しかしながら、だれかがこの規律を強要しているわけではない、ということを忘れてはなりません。人はみずからの自由を求め、自分自身でそれに従うことを選択し行動をしているのです。だれかが鞭《むち》をならしているのでもなく、人間の失敗を台帳に書きつづっている神がいるわけでもありません。たとえ、これらの規律にしたがう試みに失敗してもわれわれの利益になります。少なくとも、霊的な強さを身につけようとしているからです。なにもしないより、試行錯誤をくりかえす方がはるかによいのです。どんな失敗も、霊的完成への道の足がかりとなるからです。

第六章　人間の姿をした神：化身についての概念

ラーマクリシュナの弟子の一人であるスワーミー・シヴァーナンダは、次のように言いました。「もし神が人間として降りてこなかったら、人はどのように神を愛することができるだろうか。それが、神が人として人間のもとへやって来る理由である。人は神のことを、父や母、兄弟、友人のように愛することができる。これらのどのような態度でも選ぶことができるのだ。そして神もそれぞれの人々が愛する姿をとって、彼らのもとへ現れる」

遠い昔から、人間の姿をとった神をとおして霊的な再生が、人類にもたらされています。サンスクリット語の「化身」という言葉は、文字通り解釈すると「神の降下」という意味です。世界中のほとんどの宗教は、このような霊的な巨人――化身、預言者、そして神の使者によって、原動力と方向づけを与えられています。イエス・キリストやブッダ、ラーマやクリシュナ、モーゼやムハンマド、チャイタニヤそしてラーマクリシュナ、彼らは皆、霊的世界の光をもたらす者として、偽善や自己中心的におちいった宗教に新しいエネルギーを注いだのです。
バガヴァッド・ギーターでは何千年もの前、次のように言明しています。

善が弱まるとき、
悪がはびこるとき、
私は身体を象《かたど》る。
神聖さを与えるため、
罪びとの罪を破壊するため、
正義を確立するため、私はいつの時代にも戻ってくる。

西洋と東洋の考え方の大きな違いの一つに、西洋では、直線上の時間で物事をとらえる、ということがあげられます。つまり世界や人類の歴史には、決定的に始まりと中間、そして終わりがあり、この水平的な時間系列のなかで、神は特別な歴史的介入をおこないます。一方、東洋では大きなサイクル（周期）としてとらえます。上昇と下降、創造と破壊、成長と衰退といったサイクルが、無限なる宇宙のプロセス（経過）のなかで波のように絶えずくりかえされています。文明や宗教、そして個人は、すべてこの継続的なサイクルの一部です。化身の出現は、霊的な衰退とそれに続く再生という、この永遠の活動に必要不可欠です。

ヴェーダーンタによると、霊的真実とは永遠で普遍であり、特定の宗教や宗派に独占されるものではありません。キリストが見いだした真理は、ウパニシャドの聖典に顕示されている真実と同様であり、クリシュナやブッダの教えも同様な真実です。ゴータマ・ブッダは、「私よりも以前におおくのブッダがいた。そしてこの後もおおくのブッダが地上に現れる」と話しました。

このような者たちすべてに共通する目的が、存在するのでしょうか。答えは「はい」

です。第一に、すべての化身は皆、人類につげる特別なメッセージをたずさえています。たとえばモハメドは人類の平等と兄弟愛について説きました。キリストは戒律の文字よりも神の愛が優位であることを啓示しました。ブッダは聖職者の知識を否定し、人々に自分自身がみずからの灯火となるようにときました。クリシュナは精神の平静と無私の行為についてとき、ラーマクリシュナは宗教の調和についてときました。神の化身たちは、それぞれが出現した時代特有のメッセージをたずさえています。

化身が出現する第二の理由は、一つの永遠の宗教、すなわち霊的な真理を再建するためです。化身はそれぞれ特有の教えをたずさえ、そして彼らは皆、宗教の凡庸におちいる世界に霊的な火を注ぐためにやってきます。地球上のどこへ現れるのかにかかわらず、化身の降臨によって世界中が高揚し再生します。

これは、ヴェーダーンタによれば、神は人間の姿をとおしてのみ認識されるという意味なのでしょうか。そうではなく、ヴェーダーンタは、神を人間としてとらえるように、といているのでしょうか。そういう訳でもありません。

ヴェーダーンタがとくのは、神は人間の姿を現すこともできる、ということです。ほとんどの人々にとっては、無限の存在、意識、至福に関する漠然とした認識よりも、姿ある神の方が瞑想《めいそう》したり愛したりしやすいからです。しかしながら、これはとらえ方の問題です。おおくの人々は化身に祈りを捧《ささ》げることで、霊性の成長を達成します。彼らはバクティ・ヨーガの道の実践者です。しかし、それ以外の人々にとってこれはまったく間違ったアプローチ（方法）です。感情的というよりは知的な人にとっては、ギャーナ・ヨーガをとおして、より大きな霊的な向上を得るのです。

第七章　宗教の調和：「真実は一つ、賢者たちはそれをさまざまな名前で呼ぶ」

ヴェーダーンタの中でもっとも古い文献の一つであるリグ・ヴェーダには、何千年も昔にこう記されています。「真実は一つ、賢者たちはそれをさまざまな名前で呼ぶ」

人はみな真実を求めている、とヴェーダーンタは言明していますが、その真実にはさまざまな名前や形式があります。真実――精神的実体――は真実といえども、色々な姿であらわれ、多方面から人間へとアプローチ（近づき）します。「人が進む道はすべて私の道である。人々がどこを歩もうとも、私へと通じている」と、バガヴァッド・ギーターには書かれています。

もしすべての宗教が真実であるならば、いったい何について人は争っているのでしょうか。精神的実体には大部分は政治が、そして文化間のひずみ、人間の有限な心が重なりあっています。一般的に「宗教」とみなされているものには、本質的なものと非本質的なものが交錯しています。ラーマクリシュナがといたように、すべての聖典は砂と砂糖の混合物をふくんでいます。そのため、砂はすてて砂糖のみを取りだす必要があります。神との融合、もしくは自己実現とよばれる宗教の真髄のみをぬきだし、それ以外のものはすべて取りのぞく必要があるのです。自らの神性があらわれるために助けとなるものはすべて受けいれながら、しかしその理想から引きはなすものはすべて避けるべきです。

宗教という名のもとに世界へもたらされた大虐殺は、真の宗教とはまったく関係がありません。教義や定説をめぐる争いはあっても、神性との融合をかけた殺しあいというのは、いまだ起きてはいません。「宗教戦争」とはまさに、凶暴化した強大エゴイズムです。南カリフォルニアのヴェーダーンタ協会の創設者スワーミー・プラバヴァーナンダは、笑いながらこう話すでしょう。「もしキリストやブッダ、ムハンマドを一緒におなじ部屋へ通すと、彼らは互いに抱きあうだろう。しかし、もし彼らの信徒たちをおなじ部屋へいれると、彼等はたがいを殺しあうだろう」

真実は一つです、しかしそれは人間の有限の心のフィルターを通過します。その心は特定の文化のしたで、また世界のなかで独自の経験をもち、歴史においても特定の時期に存在しています。それゆえに無限の実体は、かぎられた空間や時間因果関係のなかで加工され、さらには人間の理解や言語という制限のなかで加工されていきます。真実の表れ、つまり聖典や賢者、預言者は、時代によってそして文化によって必然的に異なってきます。光はプリズムをとおると角度によってさまざまな色を放《はな》ちます。しかし光自体はつねに純粋な光のままです。精神実体についても同様のことが言えます。

しかし、すべての宗教が「本当に、まったく、ほとんど同じ」と言っているのではありません。それは、他とはまったく違う美点や独自の偉大さを備えたそれぞれの世界の精神的伝統にたいして、失礼です。すべての宗教が同様に真実で真正であるといっても、アスピリンの総称ブランドのように、一つのもので他も代用できると言っているのではありません。

すべての宗教には贈り物がある

すべての宗教には、人類に対する特有の贈り物があります。つまりそれぞれの宗教は、世界を豊かにするための独自の主張を持っています。キリスト教は愛と犠牲を、そしてユダヤ教は精神的な知恵や教訓について強調しました。イスラーム教は普遍的な兄弟愛や平等性を主張し、仏教は慈悲と注意深さを提唱しました。またアメリカ先住民の伝承では、人間を取り囲んでいる地球や自然界をうやまうことについてときました。ヴェーダーンタやヒンドゥ教は、存在の一体性、そして直接な神秘体験の必要性を強調しました。

世界の精神性の伝統とは、巨大なジグソーパズルのピースのようなものです。それぞれのピースは異なりながら、全体像を完成させるためにすべてのピースが不可欠です。パズルの一枚のピースをしっかりとつかみつつ、それぞれのピースをたたえ敬うべきです。他の教えを知ることによって、人は精神性をふかめ自分の信仰について学ぶことができます。そして同様に重要なのは、自分の信仰を深めることによって、ほかの教義の真価を認めることができるということです。

みずからの道を深める

世界のさまざまな宗教やその信奉者をうやまうと同時に、みずからの精神性の道をふかめ、成長していく必要があります。それはどんな精神性の道においてもいえます。仏教を少し、イスラーム教も少し、キリスト教も少し、そして次の週は別の組み合わせを、といったようにあれもこれもとかじってはなりません。霊性の実践とはバイキング形式の食事ではないのです。五つの種類のデザートをまぜ合わせたところで、ひどくまずいものになるだけでしょう。

ヴェーダーンタでは宗教の調和について主張するとともに、自分がえらんだ宗教の教えをより深く、忠実に、そして熱心にまなぶ必要があると強調しています。ラーマクリシュナの言葉を引用すると、「もし井戸をふかく掘ろうとするなら、位置を選びそして水がでるまで掘り続けなければならない。浅い穴をいくつ掘ってもなんの役にも立たないのだ」

あさい精神生活もまったくしないよりはましかも知れませんが、それでもやはり自らが望むところ、つまり自由、神の実現化へと到達することはできません。従いたいと思う道をいちど選んだら、ゴールに達するまで根気強くその道を進みつづける必要があります。そして重要なのは、自分の道を進みながら他の教義を評価することが可能であり、さらにそこから学ぶこともできる、ということです。

ヴェーダーンタは、すべての宗教はその包装が異なってもその中にふくまれる本質的要素はおなじ真実である、とのべています。地球上のすべての人は、唯一の存在であります。誰一人としてまったく同じ宗教を実践してはおりません。すべての人の心は異なり、山の頂上につくためにはそれぞれ独自の道が必要です。せまい道もあれば、平らな道もあります。曲がりくねった難しい道もあれば、安全で退屈な道もあります。そして最終的にはすべての人が山の頂上にたどり着くことができます。まわりの人々が道の途中で迷ったら、という心配も必要はありません、彼らもきっと到着できるでしょう。それぞれの人に合った、さまざまな方法が必要なのです。

世界中の宗教の外観は異なっていても、その中身はとてもにかよっています。それぞれの宗教は同様のモラルや善徳について説いています。つまり、精神修養が必要であることを、そしてその修養の中で自分の仲間である人類をうやまうように、と教えています。

古代サンスクリット語の祈りに次のような言葉があります。

「川の源流はそれぞれ違えども、その水は海のなかで混ざりあう。だから神よ、たとえ人々が別々の道を歩もうとも、それがまっすぐな道であれ、曲がりくねった道であれ、どうかすべての人があなたへと至りますように」

第八章　存在の一体性：多様性の中の統一

存在の統一はヴェーダーンタにおいて重要なテーマであり、ヴェーダーンタ哲学の不可欠な柱です。一体性は命の賛歌であり、宇宙の多様な変化を構成している主要なテーマです。人間が見るもの、体験することはすべて、この永遠なる一体性の現れにすぎません。人間の中核である神性は、太陽や月そして星を照らす神性と同一です。われわれ、つまり無限なる本質は、ありとあらゆる場所に存在しています。

一体性の概念は知的興味をそそるかもしれませんが、それでもやはり実践するのは困難です。偉大で崇高なもの、もしくは自分が敬愛する存在との一体を実感することは難しくはありません。木々や海、また空との一体感を味わうにもたいした無理はないでしょう。しかし、ほとんどの人がネズミやゴキブリや、なんとか我慢しながらつきあわなければならない不愉快な同僚などとの一体性を意識するには躊躇《ちゅうちょ》します。しかしながら、これこそまさにヴェーダーンタの教えを活《い》かすべき場面であり、多様な生物も、神性はすべて同じであると認識する必要があります。自分のなかにある自己、つまりアートマンは「相手」のなかに存在する自己と同一です。これはまさに「相手」が、聖人であっても盗人であっても、ネコやハエや木であっても、また交差点でイライラさせられる運転手であっても同様です。

「自己はあらゆる場所に存在する」と、イシャ・ウパニシャドには記されています。

「自分のなかにすべての存在をみて、すべての存在に自分自身を見る者はだれをも憎みません。あらゆる場所に一体性を見いだす者が、どうして妄念や悲嘆を抱くことがありましょうか」

恐れや惨めといった感情はすべて、偉大なる宇宙の統一からの分離感によっておこります。これが私たちを取り込むわなであります。「恐れは二から生じる」と、ブリハッダーランニャカ・ウパニシャドには記されています。二元性、つまり人間をほかの生物と区別することは、神以外になにかが存在するという暗示をもたらすため、つねに誤解をうむことになります。しかしながら、神以外の存在はありません。

「この崇高な教えは、人間と他のすべての存在とを一つにする重要な教訓である」と、一世紀前にスワーミー・ヴィヴェーカーナンダはいいました。

「自己とは宇宙の本質であり、あらゆる魂の本質である。人間は宇宙と一体なのだ。たとえ毛髪ほどの細さの違いであれ、自分は他者とちがう、と言った途端に人は不幸になる。この一体性を認識し、自分は宇宙と一体だと知っている人に幸福はある」

第九章　いにしえの哲学の再生：ラーマクリシュナ、ラーマクリシュナ僧団、ヴェーダーンタ協会

ほかの古代の精神的伝統と同様に、ヴェーダーンタも偉大な魂たちによって、ふるい構造に新しいいのちがふきこまれ周期的に再生されてきました。

一九世紀インドでは、ヒンドゥ信仰の低迷とイギリスから入ってきた西洋化の猛撃という二重の困難におちいったなかで、ラーマクリシュナが伝統を再び蘇《よみがえ》らせました。当時はインドにとって幸せな時代ではなく、西洋にとっても幸せな時代ではありませんでした。科学と宗教がにらみ合い、停戦することも、ましてや共通の理解に達することも想像もできない状況でした。急速な産業化によって、人間の存在は小さくとらえられるようになり、かつては人間と社会とを結びつけていた大切な絆《きずな》も、修復できないほどに綻《ほころ》びていました。この期間に東洋と西洋の壁が薄くなり、たがいが透けて見えるようになりました。それはどちらの側にとっても容易ではない調整の時でした。この最高であると同時に最悪な時代のシナリオが近代化をもたらしたのです。それはおおいなる繁栄とおおいなる混乱をともなうものでした。

一八三六年にベンガルの小さな村に生まれたラーマクリシュナは、一見したところ、現代の精神運動を導《みちび》く人物には見えなかったでしょう。ラーマクリシュナが知られていたとすれば、それはいにしえからつづく古代のヒンドゥ世界の代表者としてでした。しばしば宗教的な歓喜に没入して日常の意識をうしなった彼は、だれが見ても超俗的なヨーギーそのままでした。しかし彼は単にそれだけの人物ではなかったのです。

いたずら好きでよく笑う、元気いっぱいな子供だったころから、すでにラーマクリシュナには深い精神性が備わっていました。大きくなるにつれてますます、「神は本当に存在するのか。どうしたら神を理解することができるのだろうか」という、神の実在についての問いが彼の心にのしかかりました。彼の兄が、宇宙の聖なる母であるカーリー神を奉る寺院の司祭になるため、カルカッタの郊外にうつる際に、ラーマクリシュナも兄に同行しました。まもなくラーマクリシュナ自身もカーリー神の崇拝者となり、彼の生活はカーリー神のヴィジョンをえたいという念願を中心にまわるようになりました。ほかにはなにも考えられないほどの激しい願望でした。

彼の霊的な渇望があまりにも強烈だったので、その熱望は実をむすび、カーリーのヴィジョンをさずかりました。それからというもの、彼は昼も夜も聖なる母との霊的交わりの中ですごしました。

しかしラーマクリシュナは、神の姿の一面だけで満足することはできませんでした。聖なる母の姿をとった神との一体を体験したのち、ラーマクリシュナはさらなる霊的体験を求めました。ラーマ神やクリシュナ神の化身など、別の姿をした神にたいする崇拝に没頭し、神性との結合にいたるまでその道を追求しました。それでもやはり納得ができず、彼は神の無限なる存在をさらに深く体験することを望みました。

それからラーマクリシュナは、アドヴァイタ・ヴェーダーンタ（不二一元論）の厳格な道にしたがい、みじかい期間で非人格的なブラフマンとの神秘的な結合をとげ、最上の段階に到達しました。

いくつかのヒンドゥ教の精神的伝統を追求したのち、ラーマクリシュナはイスラーム教も実践しました。一九世紀のインドで、ヒンドゥのブラーミンがイスラーム教の慣習を実践し、イスラームの衣服を着たり、イスラームの食事を要求したりということは、まったく非常識なことであり、とうてい考えられないようなことでした。しかし、ラーマクリシュナはなんのわだかまりもなく、誠心誠意イスラームの教えを実践しました。それは何らかの大義を主張するためにしたことでも、漠然とした好奇心を満たすためにしたことでもなかったのです。神がそれほどまでに彼の生命のおおきな源であり、それだから彼は可能なかぎりの方法で神を体験せずにはいられなかったのです。「ケーキはどこから食べてもおいしい」とラーマクリシュナはよくおっしゃったものです。そしてラーマクリシュナはイスラーム教の道に忠実にしたがうことで最高の霊的悟りにいたりました。

それだけでも周囲の人たちに与えた衝撃は相当なものだったのにラーマクリシュナはさらにキリスト教に目を向けました。イスラーム教の時とおなじように、ラーマクリシュナはみずからのヒンドゥの背景から完全にはなれ、みじかい期間キリスト教の慣習のみにしたがいました。キリスト教を心から信奉し、ラーマクリシュナはイエス・キリストとの神秘的な結合を経験したのです。これによって、彼の霊的探求は完結しました。

ラーマクリシュナは、みずからのたえまない修行によって身につけた霊的悟りをとおして、ひとつの確信をえました。それはすべての宗教が真理であり、誠実にしたがうならすべての宗教が神を求めて苦悩する魂を、神の悟りへと導《みちび》いてくれる、という確信です。

ラーマクリシュナは彼のもとにくる人たちに、彼らの信じる霊性の道を信仰と堅固な信念で進むようにと励ましたのです。霊性の指導者として人々の尊崇をあつめておられたにもかかわらず、彼は自分から説教をすることがなく、だれかにグル（霊性の教師）と呼ばれると非常に当惑されました。教義や定説をとかず、またどれのことも非難しませんでした。「神は無限である」とラーマクリシュナはよくおっしゃいました。「そして、神にいたる道もまた無限である」と。

ラーマクリシュナは、すべての人がその人にとっての最高の霊的成長をとげる事を願い、つねにそのために心を砕いておられました。「大事なことは、なんらかの方法で神への信仰心と献身的愛をはぐくむことである」、と彼はいいました。また「どの道をたどろうとも、神への愛をはぐくむだけで十分である。この愛があれば、人はかならず神に到達する」、と。

ラーマクリシュナの宗教への熱望があまりに強いので、家族たちは彼の心の健康を心配し、結婚をすれば落ちつくのではないかと考えました。ラーマクリシュナが即座に拒否するのではないかという家族の心配にもかかわらず、彼はためらうことなく同意しました。それどころか、どの場所のどの家庭から花嫁を見つけることができるかを示唆したのです。

そしてラーマクリシュナが二三歳のとき、五歳の子供であったサーラダー・デーヴィーと結婚しました。まずのべておきますが、当時のインドでは幼少結婚が基本的な慣習であり、この場合の結婚とは、たんに婚約を意味していました。

サーラダーは一七歳の時、ラーマクリシュナと一緒になるために故郷の村をはなれました。このときもラーマクリシュナは完全に霊的修行に没頭していました。彼女の突然の到着にもかかわらず、彼は少しも驚くことなく、あたたかく尊敬の念を持って彼女を迎えいれました。

まもなく、ラーマクリシュナはサーラダーの教育を始めました。精神的な修行にとどまらず、実際の家事のしかたについても、たとえば家財の管理やろうそくの芯《しん》の調節のしかた、人の性格の判断方法など、物事の大小にかかわらず教えたのです。ヨーギーであるラーマクリシュナは、あらゆる面での不注意は制御されていない心のあらわれであると知っていたからです。家庭の雑事のなかで自制されない心は、瞑想《めいそう》のなかでも制御することはできないのです。

ラーマクリシュナとサーラダーとの関係は、たぐいまれで奥深いものでした。彼らの結婚は、男性や女性という身体的な関係になかったので、床を共にすることはありませんでした。二人ともに精神性が極めてたかく、まさにすべての中に神性を認識していました。ラーマクリシュナとサーラダーにとって、神性の結合こそが完全に充実した状態であり、身体的な結びつきは想像もつかなかったのです。

ラーマクリシュナはこの若い妻にたいし、英知をあたえられた母なる神として、接しました。彼はみずからの信念をまさに実践し、彼自身と彼のおおくの霊的修行の果実を、すべて彼女の足もとに捧《ささ》げ礼拝しました。ふかい瞑想《めいそう》のなかで、礼拝を捧《ささ》げる者と礼拝をうけるこの両者は、神との神秘的な結合の最高の状態に到達したのです。サーラダーはラーマクリシュナの霊的な財産を引きつぎました。

ラーマクリシュナの人生において、女性の役割はたいへん大きく、重要な意味を担っていました。彼の最初のグル（霊性の教師）はバイラヴィ・ブラーフマニーという女性でした。何年ものちに、ラーマクリシュナ自身も優秀な女性の信奉者たちを持ちました。また彼は宇宙の母なる神である女神カーリーを崇《あが》めました。どの宗教を実践したときも最後にはいつも、母なる神という信念にもどりました。

サーラダー・デーヴィーは彼の妻であり信奉者であるのと同時に、彼の精神的伴侶《はんりょ》であり、継承者でもありました。ラーマクリシュナは生前、妻にたいし彼女のところを訪れた人々に霊性の知識を与えるようにときました。ひかえめに謙虚に、彼女はそれをことわりましたが、それでもラーマクリシュナはかたくなに言い続けたのです。彼の死後、サーラダーはみずから精神的指導者として何千もの人々に精神性をときました。一九二〇年に生涯をとじるまで、実際に彼女にはラーマクリシュナよりも多くの信者がいました。

ラーマクリシュナが霊的運動をひきおこそうという気がなかったとすれば、サーラダーはさらにその可能性が低かったのです。彼女は非常にひかえめで、精神的指導者というよりは、むしろ教養のない農村の婦人のように見えました。しかし言うまでもなく、外見はあてになりません。

サーラダーは、過去の精神史を省《かえり》みてもまれなほど高い宗教生活を生きました。ラーマクリシュナの厳格な精神性は皆の目のまえにしめされましたが、サーラダーのそれは、彼女の人生と同様に、静かで密《ひそ》やかなものでした。

彼女は精神的規律をまもる一方で家事労働にも熱心に力を入れ、尼僧としてだけでなく妻の役目も献身的にはたし、その生活はひとつの完璧《かんぺき》なバランスでした。これらの役割を担《にな》う間も、彼女は至高の神との交流の中でおちつきを保っていました。

しかし、彼女は徹底してみずからの才能を隠したため、もっとも優れた霊的な魂のみが、高い境地に達した彼女の霊性をかいまみることができました。

サーラダーのきわだった特徴は、おそらく彼女の母性でしょう。彼女はあらゆるもの、たとえイスラーム教徒の犯罪者であっても、非難を受けたイギリス人であっても、またネコであっても、まさにすべてのものの母として自分自身をとらえていました。これが親愛をこめられてホーリー・マーザーと呼ばれたところです。彼女はほかの人々の幸福の中で喜び、人々の悲しみのなかでは彼らとともに泣きました。ホーリー・マーザーのもとにくる人々はみな、彼女はまさに自分自身の母であると感じたのです。

霊性をわけあたえることに関してホーリー・マーザーは、日常の事柄のなかで、等しく実際的で偏見がありませんでした。彼女は自分のもとにくるあらゆる人々を受け入れたのです。ラーマクリシュナの弟子の一人であるスワーミー・プレマーナンダは彼女について、「他のだれも受け入れることができない毒を、彼女は消化することができる」とのべています。精神的指導者たちが有望な弟子しか受けいれない一方で、彼女はまさに他の指導者が避ける人々を受け入れました。

人々の多大な称賛にもかかわらず、ホーリー・マーザーは質素で謙虚な女性であり続けました。もしだれかが彼女を演壇にあげようとすれば、「私はなにも知らない。ただ夫から教わったことをくり返しているだけ」と答えたでしょう。彼女はみずからの精神的な力を隠しました。人々が畏敬《いけい》と崇拝の念をもってやってきたのでは、ちかくに彼女を感じてもらえないと言っていました。

このようなひかえめな生き方の中で、しかし彼女は最高のヴェーダーンタ哲学を具体化したのです。世界にたいしておこなった彼女の最後の教えがよい例です。彼女は死ぬまぎわに弟子に伝えました。「もし心の平安を見つけたいのなら、他の人の欠点を見つけずにいなさい。むしろ自分自身の欠点をみなさい。世界中を自分自身のものとみることを学びなさい。私の子供よ、だれも他人ではないのです。全世界はあなた自身のものなのです」どのようなギャーナ・ヨーガの実践者も、これほどまでに適切にヴェーダーンタ哲学をとくことはできないでしょう。

ラーマクリシュナの教えを受けついだのは、ホーリー・マザーだけではなかったのです。ラーマクリシュナは亡くなる数年前、自分のまわりに若い青年たちを集めました。純粋で、勇敢で、かつ熱心な彼らは、神の認識のためにすべてを捧《ささ》げる事を厭《いと》いませんでした。一八八六年ラーマクリシュナの死後、青年たちは彼の一番弟子であったスワーミー・ヴィヴェーカーナンダを指導者として団結し、そしてラーマクリシュナ僧団を設立しました。

ラーマクリシュナが古代インドの精神伝統の体現者だとすれば、ヴィヴェーカーナンダは二〇世紀の新しい価値観と矛盾とを体現しました。西洋の知識を消化吸収していたヴィヴェーカーナンダは、宗教にたいして懐疑的でした。カントやショーペンハウアー、そしてジョン・スチュアート・ミルの書物を貪《むさぼ》り読み、自分が受けついだヒンドゥ教の伝統の大部分を、幼稚な迷信だとしてしりぞけました。才気にあふれ、人一倍独立心が強かったヴィヴェーカーナンダは、教義教条にも権威にもまったく興味を持たなかったのです。古い教えだからとか、皆がありがたがっているからという理由だけで信じることもありませんでした。

ある友人が、そんな懐疑的なヴィヴェーカーナンダを、神に没入していたラーマクリシュナのもとにつれてゆきました。ヴィヴェーカーナンダは、それほどまでに完全に神に浸りきっている人をみたことがありませんでした。彼はその姿に魅了され、こんなことが本当にあるのだろうかという気持ちにもなりましたが、ラーマクリシュナの輝くばかりの神聖さには、一点の作為もないことはあきらかでした。しかし、ラーマクリシュナの宗教的な法悦状態は、自分の信奉してきた合理的な思想体系にあいません。そこで彼は、ラーマクリシュナをある種の〝偏執狂的人間〟に違いないと考えることにしました。ラーマクリシュナが比類なくけだかい人物であることには、疑いの余地がなかったのですが。

ヴィヴェーカーナンダがラーマクリシュナの真の姿を理解するのには、多少の時間が必要でしたが、ヴィヴェーカーナンダの心を、彼のことがつねに占めるようになっていきました。

それだけではなく時間がたつにつれてさらに、ヴィヴェーカーナンダはラーマクリシュナが体現している古代からの伝統は正当なものだと、確信するようになりました。しかしそれは簡単なことではありませんでした。ヴィヴェーカーナンダはその過程の一つ一つの段階で、ラーマクリシュナの教えを検証していったのです。

時間がたつにつれて、ヴィヴェーカーナンダはこの〝偏執狂的人間〟が、今まで出あった人々のなかでも数少ない〝健全な精神の持ち主〟だという確信を持つにいたりました。理想を語りながらも実践がともなわない大多数の人とちがって、ラーマクリシュナは信じていることとおこないとの間にほんのわずかなごまかしもありませんでした。それは彼にとって不可能だったのです。「いろいろな人が慈善について、平等について、人々の権利についてたいへん立派な事を語っています。しかし彼らの言葉は理論にすぎない。私は理論をそのまま生きている人に出あうという幸運にめぐまれた。彼は正しいと考えたことをそのとおりに行うすばらしい能力を備えた人であった」とヴィヴェーカーナンダは後に書いています。

ラーマクリシュナがアドヴァイタ・ヴェーダーンタ（不二一元論）を教え始めたときの彼の最初の反応は、軽蔑《けいべつ》に似たものでした。神がすべてのものに内在している存在だ、などとは無意味のきわみに思えたのでした。「私は神で、あなたは神で、そこらの生き物はどれも神だ、こんな馬鹿《ばか》げたことがあろうか」そんなようすを面白がりながら（そして密《ひそ》かに喜びながら）、ラーマクリシュナはおだやかに存在の統一性について、またアートマンとブラフマンの同一性について説きつづけました。

ある日ラーマクリシュナはヴィヴェーカーナンダが、「この水差しは神である。このコップも神である。そしてわれわれは共に神である」というありえない考えを、ひやかして笑っているのを耳にしました。ラーマクリシュナのヴィヴェーカーナンダの胸へのひと触れは、彼のおしゃべりに終止符をうちました。冗談はそこまでだったのです。彼の目に世界が以前とおなじように映ることは二度とありませんでした。ヴィヴェーカーナンダは後に語っています。

「〝魔法のひと触れ〟は突如として私の心にすばらしい変化をもたらした。全宇宙には本当に神しか存在しない。普通の意識にもどったとき、私は自分がアドヴァイタの世界をかいま見たことに気づいたのだった。そしてそののち、聖典の言葉は偽りではなかったという思いが湧《わ》き上がってきた。この時いらい、私はアドヴァイタ哲学の結論を否定することはできなくなったのである」

ヴィヴェーカーナンダはこの深遠な体験ののち、そしてその後のさまざまな出来事をとおして、ブラフマンがあらゆる存在に内在する唯一の真性であるということを、疑うことはけっしてありませんでした。この非二元性の体験は、ヴィヴェーカーナンダの個人的な哲学をかえただけではなく、それ以降のラーマクリシュナ僧団の社会奉仕活動においても、重要な骨格となりました。

もうすこし具体的にするため、ヴィヴェーカーナンダがラーマクリシュナのもとで修行をしていたときの出来事を例にあげましょう。ヒンドゥ教の宗派のひとつ、ヴィシュヌ派について会話をしていたときのことです。ラーマクリシュナは弟子たちに、あらゆる生き物にたいし思いやりの心を持つ、というヴィシュヌ派の教義のひとつについて語りました。

それはそのとおり、だれにも異存があるはずがありません。ラーマクリシュナが指摘しようとした点をのぞいて。彼は恍惚《こうこつ》状態で、こうつぶやいたのです。「生き物にたいする思いやり！　生き物に対する思いやりだと。なんと愚かな。地面を這《は》いつくばっている虫ケラが他者への思いやりとは。いったい何様のつもりなのだ。……思いやりではなく、人類は神の現れであることを悟り、人々に仕えるべきではないか」

ヴィヴェーカーナンダは衝撃を受けました。彼の心は火のように燃え、立ちあがると部屋をでて、その場にいた人たちに大きな声で言いました。「師のこの言葉にはなんと不思議な輝きがあることか」ヴェーダーンタとは世間からはなれて洞窟《どうくつ》の中で行うものではなく、日常生活のなかで実践するものであるということをラーマクリシュナは身をもって伝えました。ラーマクリシュナは、宇宙としても生物としても顕在するのは神のみであるということをしめしたのです。

師とのこのような交流をとおしてヴィヴェーカーナンダは、あらゆる生き物は神の現れであることを認識して、奉仕をするべきであるという見解にたどり着きました。非常に重要なのは、ここでいう奉仕とは、真の宗教的実践のことであり、いわゆる社会事業とは異なります。神にたいする心からの礼拝を意味しています。礼拝として人類に奉仕を捧《ささ》げるとき、人はまさに神の悟りの扉へと導《みちび》かれる、とヴィヴェーカーナンダは説いています。最後にヴィヴェーカーナンダはその場にいた人たちに語りました。「神がそのように望まれるなら、自分はこれらの真実を世界に伝えよう」と。

ヴィヴェーカーナンダは、彼と兄弟弟子たちとでラーマクリシュナ僧団を創設することによって、その思いを実現させたのです。

ラーマクリシュナ僧団

もしヴィヴェーカーナンダが自己の悟りのみを求めていたなら、ヒマラヤ山脈に逃れて適当な洞窟《どうくつ》を見つけたでしょう。しかしラーマクリシュナは彼をそのようなことのために訓練したのではなかったのです。ヴィヴェーカーナンダは世界をかえるための精神運動を、人々の先にたって指導する役割を負っていました。運動をおこすには組織が必要でした。その組織の理念は神を悟ることだけではなく、神の現存である人類に奉仕をすることでした。

ヴィヴェーカーナンダがラーマクリシュナ僧団にかかげた信条は、「自己の霊的悟りのために、そして世界をより良くするために」というものです。この二つは近すぎず、離れすぎない関係にあります。精神的観点から接しないかぎり、ほんとうに良いものを世界にもたらすことはできません。同様に重要なのは、われわれが日々遭遇する多様な姿をとる神を認識してつかえることによって、自己の精神生活がゆたかに強められることです。われわれは一方で神の探求に邁進《まいしん》しながら、もう一方では到達をめざしている神そのものとして全人類につかえるのです。

ヴィヴェーカーナンダがラーマクリシュナの教えにならうまで、このような奉仕の精神的理念が明確にされたことは、過去に一度もありませんでした。この理念は、ラーマクリシュナ僧団の基盤であり、世界の宗教に独自の影響をおよぼしています。

西洋では宗教による社会奉仕は当然の事と見なされていましたが、当時のインドではそうではありませんでした。神を求める人、真の自己を求める人はこの世とのかかわりを絶つべきだと考えられていました。この世はしょせんマーヤーにすぎず、霊性の探求者にとって世の中とかかわりを持つことは精神崩壊につながるからです。スワーミー・ヴィヴェーカーナンダとラーマクリシュナ僧団は、これを古びた概念としてくつがえしました。

一九世紀後半にラーマクリシュナ僧団が社会奉仕を始めた当初、僧団の僧侶《そうりょ》たちは〝ゴミ集めの坊さん〟とからかわれました。彼らが病人や瀕死《ひんし》の人々を介護していたからです。正統的な僧侶《そうりょ》たちは、ラーマクリシュナ僧団のこのような奇特な僧たちの近くで、食事をすることさえこばみました。彼らが精神的な支援だけでなく、身体的、物質的な奉仕さえも率先して行っていたからです。さらに、彼らはヒンドゥ教徒にかぎらずイスラーム教徒やキリスト教徒など、宗派に関係なくすべての人に平等に奉仕をしました。なにを基準にして奉仕をするか、それは当時も今も宗教や人種や階級やカーストに関係なく、もっとも助けを必要としている人々に与えるということなのです。

一世紀がたち、状況は一転しています。公衆衛生施設や井戸を建設し、また村人たちの自立にむけて家内産業の発展のために教育をほどこすなどの功績が認められ、〝ごみ集め〟と呼ばれた僧たちは、今ではその貢献によって尊敬を受けています。そしてすばらしいことに、現在ではインドの他の宗教組織においても同様の活動が始められています。一〇〇年にわたり、ラーマクリシュナ僧団は貧困者にたいし食料や衣服や住居などを提供し、また飢饉《ききん》や洪水や地震、社会不安に際して被災者への救援活動を行ってきました。

ラーマクリシュナ僧団は、高層ビルの病院、村の診療所、診療車（医療機関に行けない人のための医療機器を装備した車）、結核診療所、眼科医院、産科医院、ホメオパシー診療所、歯科医院、老人ホームや児童養護施設を運営しています。

さらにインド国中であらゆる分野の教育機関の運営をおこなっています。村の小学校から大学、成人の教育センターから商工学校、そして外国語の語学学校から盲学校まで、ラーマクリシュナ僧団の広範囲にわたる教育活動と高水準の奨学制度は、インド国内外において高い評価を受けています。

では、ヴェーダーンタはどのように西洋にたどり着いたのでしょう。

西洋におけるヴェーダーンタ

一八九三年、スワーミー・ヴィヴェーカーナンダはシカゴ世界宗教会議でヒンドゥ思想をときました。この演説は大好評を獲得し、会議のあと彼はアメリカ国中からヴェーダーンタ哲学にかんしての講演依頼を受けました。国内を通じて演説にまわりながら、ヴィヴェーカーナンダにはおおくの友人や弟子たちができました。アメリカでの約四年間の活動のなかで試練に直面することもありましたが、彼はユーモアとそして自らの幸福よりもヴェーダーンタのメッセージをとくことの方が重要であるという信念によって突き進みました。カウボーイに狙撃《そげき》されたり、ホテルに拒否されたり、社説で非難を受けたり、さらにはコーヒーに毒が盛られたこともありましたが見事に乗りこえたのでした。

ヴィヴェーカーナンダの働きによって、ラーマクリシュナ僧団の西洋支部として今日のヴェーダーンタ協会が創設されました。一八九四年、ニューヨークに最初のヴェーダーンタ協会が開設され、それいらい徐々に広がり、現在ではアメリカの国内はもとよりカナダ、ヨーロッパ、ロシア、日本、南アメリカ、そしてアフリカにも設立されています。

各国の人々がヴェーダーンタを学ぶという希望を決定した際、インドの僧団本部にスワーミー（最終的な修道誓願を経た僧侶《そうりょ》）の派遣要請をおこなっています。

各ヴェーダーンタ協会はインドにあるラーマクリシュナ僧団の精神的指針のもと、しかしそれぞれが自立した独立機関となっています。ほとんどのヴェーダーンタ協会には、その国の人々で構成された独自の役員会があります。

当然、インドと西洋とでは活動の性質は異なっています。しかしその理念とゴールはまったく同じです。おおくのヴェーダーンタ協会では、ホームレスの人々に対する食料の提供、給食施設や病院でのボランティアなど、小規模に活動を行っています。これらの活動は高く評価されていますが、しかしそれはヴェーダーンタ協会がもっとも重要視していることではありません。西洋で直面する貧困とはそのほとんどが精神的貧しさであり、ヴェーダーンタ協会の奉仕活動は心のケアが中心となっているのです。

インドと同様に西洋においても、もっとも助けを痛感している人々に焦点が当てられています。北アメリカでの奉仕の焦点は、魂の飢えを満たし、いきいきと生きたいという魂の渇きを潤す事です。

ヴェーダーンタは西洋で一世紀以上生きてきました。この地においてその根はふかく、不動のものとなっています。「魂の神性、存在の一体性、日常生活の中でみずからの神性を顕《あらわ》すことの重要性、他者の内なる神性を認め奉仕をすること」西洋におけるヴェーダーンタのメッセージは東洋と同様です。

付録　スワーミー・ヴィヴェーカーナンダ講演集

アートマン、それの束縛と自由

『ギャーナ・ヨーガ』より

アドヴァイタ哲学によると、宇宙には、この哲学がブラフマンと呼ぶものがたった一つ存在するだけであって、他のいっさいは、マーヤーの力によってブラフマンからあらわれた、またつくられた、非実在のものなのです。そのブラフマンにかえりつくことが、われわれの目標であります。われわれは、一人ひとりが、そのブラフマン、その実在、プラス、マーヤーなのです。もし、そのマーヤー、すなわち無知を脱することができるなら、そのときにわれわれは、われわれがほんとうにあるところのもの（利己性のない真の自己、アートマン、魂）、となるでしょう。この哲学によりますと、人はおのおの、三つの部分からなりたっています——肉体、内なる器官すなわち心、およびその背後にあるアートマン、自己とよばれるものです。肉体は、真の認識者であり真の受け手であって、内なる器官すなわち心によって肉体をはたらかせている内なる存在の、外がわのおおいであり、心は、その存在の、内がわのおおいです。

アートマンは、人の身体の中の唯一の非物質的な存在です。非物質であるから、合成物ではあり得ません。そして合成物ではないから、それは原因結果の法則にはしばられず、したがって不死です。不死であるものは、はじめを持つことはありません。はじめを持つものは、かならずおわりを持たなければならないのですから。それは無形である、ということも当然です。物質がなければ形はあり得ません。形を持つものはかならず、はじめとおわりを持たなければならないのです。われわれの誰ひとり、はじめを持たず、おわりも持たないであろうような形を、見た者はありません。形は、力と物質との結合から生まれるのです。この椅子《いす》は、特別の形を持っています。つまり、ある分量の物質がある分量の力に働きかけられて、特定の形をとらされているのです。形は物質と力の結合の結果です。結合は、永久ではあり得ません。それが解消するときは、あらゆる結合の上に、やってきます。そういうわけですべての形ははじめとおわりを持っています。われわれは、自分の肉体がほろびるであろうことを知っています。それははじめを持っていましたから、おわりを持つでしょう。しかし自己は形を持っていませんから、はじめおわりの法則にしばられることはありません。それは無始以来存在しています。ときが永遠であるのとおなじように、人の自己も永遠です。第二には、それは一切所に遍満していなければなりません。空間によって条件づけられ限定されているのは、形だけであって、無形の存在を形にとじこめることはできません。ですからアドヴァイタ・ヴェーダーンタによると、みなさんの内なる、私の内なる、あらゆるものの内なる自己、すなわちアートマンは遍在です。みなさんはこの地球におられると同様にいま太陽にも、アメリカにおられると同様にイギリスにも、おられるのです。ただ自己は心と肉体によって行動するので、それらのあるところで、それの活動は見えるのです。

われわれがおこなう一つひとつの働きは、われわれが思う一つひとつの思いは、心の中にサンスクリットでサムスカーラとよばれる印象をきざみ、これらの印象の総計が、「性格」とよばれる巨大な力となります。人の性格は、彼が自分のためにつくりあげたものです。それは、彼が生涯のうちにおこなった、心と肉体の活動の結果です。このサムスカーラの総計が、人が死後どこに行くかをきめるのです。人が死ぬと、肉体はくちて、その要素にかえります。しかしサムスカーラは心にくっついていてのこります。心はもっと精妙な物質からできているので、分解しないのです。物質は精妙であればあるほどながもちするものなのですから。しかし心もついには分解します。そうなろうとして、われわれは苦闘しているのです。これを説明するのに私の心にうかぶもっともよいたとえは、竜巻です。ことなる空気の流れが、ことなる方向からやってきてある場所で一つになり、うずをまきながらすすみます。そして紙きれやわらくずなどのちりをまきあげて、一つのちりのかたまりをつくります。やがてある場所でそのかたまりをおとしますが、竜巻はそのまますすんで、別の場所でおなじことをくりかえします。まさにそのように、サンスクリットでプラーナとよばれる力があつまって、物質から肉体と心を形づくり、その肉体が脱落するまでうごきつづけます。肉体が脱落すると、別の肉体をつくるためにそのままうごきつづけ、この過程がくりかえされるのです。力は、物質がなければうごくことができません。ですから、肉体がおちるとき、心の実質はのこり、プラーナは、サムスカーラという形でそれに働きかけるのです。そしてそれは、うごきつづけて別の点にゆき、新しい物質をまきあげて、おなじ活動をくりかえします。この活動は、この力がつかいつくされるまでつづきます。この力がつきたとき、それはおわります。そのようにして心がおわるとき、サムスカーラをまったくのこさないで心がこなごなになってしまったとき、われわれは完全に自由になるでしょう。そのときまでは、われわれはしばられているのです。それまでは、アートマンは心という竜巻におおわれており、自分は場所から場所へとつれまわされているのだ、と想像しているのです。その竜巻がおちてしまうと、アートマンは、それは一切所に遍在しているのだということ、それはそれが行きたいところに行けるのだ、ということ、完全に自由であり、それはつくりたいだけ、心や肉体をつくることができるのだ、ということを知ります。それまでは、それは竜巻とともにうごけるだけなのです。この自由が、われわれすべてがそれにむかってうごきつつある、目標なのです。

かりにこの部屋に一つのボールがあり、われわれ一人ひとりが手に木づちを持って四方からそれをうつ、と想像してごらんなさい。ボールはうたれてあちこちにとび、ついに部屋のそとにとびだすでしょう。どの力によって、またどの方向にそれはとびだすでしょうか。それは、部屋中でそれにあたえられた力によってきまるでしょう。あたえられたさまざまの打撃のすべてが、影響しているでしょう。われわれの心および肉体の、すべての活動は一つひとつがこのような打撃にあたります。人間の心は、うたれているボールです。われわれはこの世という部屋の中でつねに打ちまくられており、そこからどのようにとびだすかは、これらすべての打撃の力によってきまるのです。おのおのの場合に、ボールのスピードと方向はそれがうけた打撃によってきまります。そのように、この世におけるわれわれの行動のすべてが、われわれの未来の誕生を決定するでしょう。したがってわれわれのいまの誕生は、われわれの過去の行動の結果です。これは一つの場合です――かりに私がみなさんに、黒い環と白い環とが交互につながっている、はじめもなくおわりもない、無限のくさりをあげて、そのくさりの性質をおたずねするとします。そのくさりにははじめもおわりもないのですから、最初はみなさんは、それの性質をきめることはむずかしいとお思いになるかもしれませんが、やがては、それがくさりであることをお知りになるでしょう。またまもなく、この無限のくさりは黒白ふたつの環のくりかえしであり、これらが無限にふえて一本のくさりになっているのだ、ということを発見なさるでしょう。それは完全なくりかえしなのですから、みなさんは、もしこれらの環の一つの性質を知るならこのくさり全体の性質をお知りになるでしょう。過去、現在および未来、われわれの生涯のすべては、いわば一本の無限のくさりであって、はじめもなくおわりもなく、その環の一つひとつが誕生と死という二つのおわりを持つ一つの生涯なのです。ここでのわれわれの状態とおこないは、ごくわずかの変化があるだけで、いくたびもいくたびもくりかえされています。それゆえ、もしこれらの二つの環を知るなら、われわれはこの世で通らなければならないすべての道すじを知るでありましょう。それゆえ、この世への道すじは、まさに自分が前生で通った道によって決定されたのだ、ということを知ります。同様に、われわれは自分みずからのおこないによって、この世界にいるのです。自分におよぼしている自分の現在のおこないの総計をたずさえてこの世を去るのとまさに同様に、われわれは自分が、自分におよぼした自分の過去のおこないの総計をたずさえて、この世にはいっているのであることを知ります。われわれをつれだすものが、われわれをつれこむものとまさにおなじなのです。何が、われわれをつれてくるのか。われわれの過去世のおこないです。何がわれわれをつれだすのか。この世での、われわれ自身のおこないです。このようにして、われわれは行きつづけるのです。自分の口から糸をはいて繭《まゆ》をつくり、ついにその繭の中にとじこめられたことを知るカイコのように、われわれは自分のおこないで自分をしばったのです。自分のまわりに自分のおこないのあみをはってしまったのです。因果の法則をはたらかせ、それをやぶることができないのを知るのです。車をうごかして、その車の下にひかれているのです。このように、この哲学は、われわれはよいにつけ、わるいにつけ一様に、われわれ自身の行為によってしばられているのだ、ということをおしえています。

アートマンはけっして、来も行きもしません。生まれも死にもしません。それはアートマンの前でうごいている自然であって、このうごきの映像がアートマンの上にうつっているのを、アートマンが無知のゆえに、自然ではなくてそれがうごいている、と思うのです。アートマンがそう思うとき、それは束縛されています。しかしそれが、それはけっしてうごかない、それは遍在である、と知るようになると、そのとき、自由がきます。束縛されているアートマンは、ジーヴァとよばれます。このようにしてみなさんは、アートマンがきたり行ったりすると言われる場合は、ちょうど天文学を勉強するときに、実はそうではないのだけれど便宜上、太陽が地球の周囲をまわっていると想像するようもとめられるのとおなじように、ただ理解をたやすくするためにそのように言われているだけなのだ、ということをお知りになるでしょう。そのようにジーヴァ、すなわち魂は、たかい、またはひくい境地にいたります。これが、よく知られている生まれかわりの法則であり、この法則が、すべての被造物をしばるのです。

この国の人びとは、人間はケモノから進化してくる、などというのはあまりにおそろしい、と考えます。なぜですか。これら幾百万のケモノたちが、しまいにはどうなるのですか。彼らはとるにたらないものなのですか。もしわれわれが魂を持っているなら、彼らも持っています。もし彼らが持っていないのなら、われわれも持ってはいません。人だけが魂を持っていて、ケモノは持っていないと言うのは不条理でしょう。私はケモノにもおとる人びとを見ました。

人の魂は、その人のサムスカーラすなわち印象に応じてあるものから別のものへと生まれかわりつつ、ひくい形やもっと高い形の中にやどってきましたが、それが自由を得るのは、人として最高の形にやどったときだけです。人の形は、天使の形よりもたかく、すべての形の中の最高のものです。人は、被造物の中の最高の存在です。彼は自由を得るのですから。

この宇宙のすべてはブラフマンの中にあったので、それがいわば彼から放射され、ちょうど発電機から出た電流が回路を一周してそれにもどるように、自分がそこから出たみなもとにもどるべく、たえずうごきつつあるのです。魂の場合もおなじです。ブラフマンから放射され、それ（魂）は植物や動物のあらゆる形をへて、いまそれ（魂）は人の中にやどっており、人は、ブラフマンにもっともちかづいたときの状態なのです。われわれが、放射された形からブラフマンにもどる、ということは、人生の偉大な努力です。人びとがそれを知る知らぬは問題ではありません。宇宙間で、鉱物の中に植物の中に、または動物の中に、およそわれわれが目にする活動はすべて、中央にもどって静止しようという努力です。平衡がありました。その平衡がやぶられました。そしてすべての部分と原子と分子が、うしなわれた平衡をふたたびとりもどそうと、苦闘しつつあるのです。この苦闘の中で、彼らはすべてのおどろくべき自然の現象を生じさせながら、結合したり変形したりしています。動物の生活、植物の生活、および他のあらゆるところに見られるすべての苦闘と競争、すべての社会のもがきや戦争は、その平衡にもどろうとする、あの永遠の奮闘のあらわれにすぎないのです。

生まれては死ぬ、この旅はサンスクリットでサムサーラ、生死の循環、とよばれているものです。すべての被造物はこの環を通って、おそかれ早かれ自由になるのです。もしわれわれすべてが自由に達するのなら、なぜわれわれはそれを得るために苦闘しなければならないのか、という質問が出されるでしょう。もし誰も彼もが自由になれるのなら、われわれはすわって待っていよう、と。あらゆる生きものがいつかは自由になれる、というのはほんとうです。うしなわれるものはありません。破壊されてしまうものはありません。あらゆるものが向上しなければならないのです。もしそうであるなら、われわれは何のために苦闘するのでしょうか。第一に、苦闘が、われわれを中心につれて行く唯一の方法だからです。そして第二には、われわれはなぜ自分が苦闘するのか知りません。苦闘しなければならないのです。「幾千の人びとの中で、何人かが、自分は自由になるであろう、という思いにめざめる」

人類の大多数は、物質的なもので満足しています。しかし若干の、ここでのあそびを十分にすませた人びと、めざめて、中心にもどることを欲している人びとがいます。このような人びとは意識して苦闘しますが、他は無意識のうちにそれをするのです。

ヴェーダーンタ哲学のアルファ（最初、ギリシアアルファベットの第一字）とオメガ（最後、ギリシアアルファベットの最終字）は、「この世をすてる」こと、非実在のものをすてて実在をとることです。この世界に魅せられている人びとはきくでしょう、「なぜわれわれはそれから脱出しようと、中心にもどろうとつとめなければならないのか。すべては神からきたのであるとしても、われわれはこの世界を、愉快で結構なところだと思うのだ。なぜ、この世界からもっともっと何かを得ようとつとめてはいけないのか」と。彼らは、日々この世界に見られる進歩、どんなにぜいたくなものがつくられつつあるか、を見よ、と言うのです。これは実にたのしい。なぜこれをでて別のもののために努力しなければならないのか、と。その答えは、この世界はかならず死ぬ、こなごなにこわれてしまう。そしてわれわれはたびたび、おなじ楽しみを経験したのである、というものです。われわれがいま見ているすべての形は、すでにいくたびもいくたびもあらわれたものであり、すんでいる世界は、前にいくたびもここにあったものなのです。前にいくたびも、私はここにいてみなさんにお話をしました。みなさんはそうにちがいない、ということを、そしていまおききになったのとおなじ言葉を、たびたび前にきいた、ということをお知りになるでしょう。そしてこれからももっとたびたび、おなじことがおこるでしょう。魂たちはけっしてかわりませんでした。肉体はたえず、解消してはもどってきました。第二に、このようなことは定期的におこります。ここに三つか四つのさいころがあるとします。それをなげると、五、四、三、二という目がでたとします。いくたびもなげつづけると、まさにおなじ数のくみあわせがでてくるときがあるにちがいありません。なげつづけていれば、その間隔はどれほど長いか知りませんが、おなじ数がでてくることはまちがいありません。何回なげたらまたでてくるのか、確言はできませんが、これは確率の法則です。魂たちとそれらの結合も、おなじことです。それらの間隔はどれほどはなれていようとも、おなじ結合と解消はいくたびもいくたびもおこるでしょう。おなじ誕生、たべたり飲んだり、そしてやがて死が、いくたびもいくたびもやってくるでしょう。ある人びとは、この世の楽しみより高いものは決して見いだしません。しかしもっと高くのぼりたいと思う人びとは、これらの楽しみはただ途中のものであってけっして究極のものではない、ということを知るでしょう。

小さな虫にはじまって人におわるあらゆる形は、シカゴ博覧会の「フェリスの輪」についている箱の一つのようなものです。つねにうごいているけれど、中にのっている人は一回転ごとにかわります。ある人が輪についた一つの箱の中にはいり、輪とともにひとまわりして、箱からでます。輪はまわりつづけます。ある魂が一つの形にはいり、しばらくの間その中にやどり、やがてそれをでて別の形にはいり、またそれを去って、三番目のものにはいります。このようにして、それが輪を脱出して自由になるまで、回転はつづくのです。

人の生涯の過去や未来を言いあてる、おどろくべき力があらゆる時代に、あらゆる国で知られています。その説明は、アートマンが因果律の領域内にあるかぎりは、その活動は普通は因果の法則によって大きく影響され、したがって結果のつづきをたどるだけの洞察力を持つ人にとっては、過去および未来をつげることも可能なのである、というものです——もちろん、それの固有の自由性は完全にうしなわれているわけではなく、解脱をとげる人びとの場合のように、魂を因果のくさりからはずしてしまうほどに、みずからを主張することもできるのではありますけれど。

そこに欲望または欠乏があるかぎり、それはまだ、そこに不完全がある、という確実なしるしです。完全、かつ自由な存在は、どんな欲望も持つはずはありません。神は、何ものも欲せられません。もし彼が欲せられるなら、彼は神ではありません。彼は不完全でありましょう。ですから、神がこれやあれをほしがっておいでになる、またおこったりよろこんだりなさる、と言うのはことごとく、赤ん坊の談義であって、何の意味もありません。それゆえすべての師たちは、「何ものも欲するな、すべての欲望をすて、完全に満足していよ」とおしえているのです。

子供は歯をもたず、はってこの世にでてきます。老人は歯を持たず、はってこの世を去ります。両極端はにています。しかし一方は彼の前に人生の経験を持たず、他方はそのすべてを通りぬけてきています。エーテル（光が伝播《でんぱん》するための媒質）の振動が非常にひくいと、われわれは光を見ません。それはやみです。非常に高いと、結果はやはりやみです。両極端は、南北両極のようにたがいにはなれているものなのですけれど、一般に、おなじもののように見えるのです。しかし、かべはものをほしがる感覚を持たないのですが、完全な人にとってはほしいものがないのです。世間には、欲望をもたない愚者がいます。それは頭脳が不完全だからです。同時に、最高境地はわれわれが欲望を持たないときにいたり得るものです。しかしこの二つは、ひとつはケモノに近く、他は神に近く、同一存在の反対の極です。

はじめてのヴェーダーンタ

2009年03月15日 第1刷発行
2012年08月02日 改訂版第1刷発行
2019年03月17日 改訂版第2刷発行

発行者　日本ヴェーダーンタ協会会長
発行所　日本ヴェーダーンタ協会
249-0001 神奈川県逗子市久木4-18-1
電話　046-873-0428
FAX　046-873-0592
Website　vedanta.jp
E-mail　info@vedanta.jp
印刷所　モリモト印刷株式会社

万が一、落丁・乱丁の場合は送料当方負担でお取替えいたします。
定価はカバーに表示してあります。

ISBN978-4-931148-39-0
Printed in Japan

新版：CD マントラム 1200 円（約 66 分）。インドと日本の朗唱集。インドおよび日本の僧侶による。心を穏やかにし、瞑想を助けます。

シュリー・ラーマクリシュナ・アラティ　価格 2000 円（約 60 分）毎日ラーマクリシュナ・ミッションで夕拝に歌われているもの、他に朗唱等を含む。

シヴァ － バジャン（シヴァのマントラと賛歌　価格 2000 円（約 75 分）　シヴァに捧げるマントラと賛歌が甘美な声で歌われ、静寂と平安をもたらす。

こころに咲く花　～ やすらぎの信仰歌 ～　価格 1500 円（約 46 分）　日本語賛歌 CD です。主に神とインドの預言者の歌で神を信じる誰もが楽しめる内容。

ラヴィ・シャンカール、シタール　価格 1900 円 世界的な演奏家によるシタール演奏。瞑想などの BGM に。

ハリ・プラサード、フルート　価格 1900 円 インド著名な演奏家によるフルート演奏。瞑想などの BGM に。

ディッヴャ・ギーティ（神聖な歌）Vol. 1 ～ 3　各価格 2000 円（約 60 分）聞く人のハートに慰めと純粋な喜びをもたらし、神への歓喜を呼び覚ます歌です。

ディヤーナム（瞑想）価格 2000 円（77:50 分）信仰の道（バクティ・ヨーガ）、識別の道（ギャーナ・ヨーガ）の瞑想方法を収録。

普遍の祈りと賛歌　価格 2000 円（44:58 分）サンスクリット語の朗誦と賛歌によるヴェーダ・マントラ。

シュリマッド・バガヴァッド・ギーター（3 枚組）価格 5000 円（75:27、67:17、68:00 分）サンスクリット語。インドの聖なる英知と至高の知恵の朗誦、全 18 章完全収録。

シュリマッド・バガヴァッド・ギーター選集　価格 2200 円（79:06 分）上記のギーター 3 枚組より抜粋し、1 枚にまとめた CD。

電子書籍（現在アマゾンのみの販売）

書籍（キンドル版）の QR コード。最新のものからすべて見ることができます。
https://goo.gl/haJxdc

雑誌（同版）、最近の雑誌を一冊ごとにキンドル化。
https://goo.gl/rFHLnX

雑誌合本総合（同版）、年ごとの合本（〔初期は 12 冊〕。１９６４年よりスタート。
https://goo.gl/AgQAs2

書籍・雑誌総合（キンドル版）。両方の最新のものからすべて見ることができます。
https://goo.gl/HbVHR2

※電子書籍は随時発行中。
※その他　線香、写真、数珠などあります。サイト閲覧又はカタログをご請求ください。
※価格・内容は、予告なく変更の可能性があります。ショップサイトで最新の情報をご確認ください。

会　員

・協会会員には、雑誌講読を主とする準会員（1年間４０００円、3年間１１０００円、5年間１７０００円）と協会の維持を助けてくれる正会員（1年間１５０００円またはそれ以上）があります。正・準会員には年 6 回、奇数月発行の会誌「不滅の言葉」と、催し物のご案内をお送り致します。また協会の物品購入に関して準会員は１５％引き、正会員２５％引きとなります。（協会直販のみ）（会員の会費には税はつきません）
・https://vedantajp.com/ 会員 / からも申込できます。

霊性の師たちの生涯 1000 円 (B6 判、301 頁) ラーマクリシュナ、サーラダー•デーヴィーおよびスワーミー・ヴィヴェーカーナンダの伝記。
神を求めて 560 円 (B6 判、263 頁) ラーマクリシュナの高弟、禁欲と瞑想の聖者スワーミー・トゥリャーナンダの生涯。
スワーミー・ヴィヴェーカーナンダと日本 価格 1000 円 (B6 判、152 頁) スワーミーと日本との関連性をまとめた。スワーミー・メーダサーナンダ著。
インスパイアリング•メッセージ Vol.1 価格 900 円 (文庫版変形、152 頁) 世界の偉大な預言者のメッセージを集めた小冊子です。
インスパイアリング•メッセージ Vol.2 価格 900 円 (文庫版変形、136 頁) 世界の偉大な預言者のメッセージを集めた小冊子の第 2 弾です。
はじめてのヴェーダーンタ 価格 1000 円 (B6 判、144 頁) はじめてインド思想のヴェーダーンタに触れる方々のために書かれたもの。
真実の愛と勇気 (ラーマクリシュナの弟子たちの足跡) 価格 1900 円 (B6 判、424 頁) 出家した弟子 16 人の伝記と教えが収められている。
シュリーマッド・バーガヴァタム [改訂版] 価格 1600 円 (B6 判、306 頁) 神人シュリー・クリシュナや多くの聖者、信者、王の生涯の貴重な霊性の教えが語られている。
ラーマクリシュナの生涯 (上巻) 価格 4900 円 (A5 判、772 頁) 伝記。その希有の霊的修行と結果を忠実に、かつ詳細に記録。
ラーマクリシュナの生涯 (下巻) 現在品切中、(A5 判、608 頁) 伝記の決定版の下巻。
バガヴァッド・ギーター 価格 1400 円 (B6 変形、220 頁、ハードカバー) ローマ字とカタカナに転写したサンスクリット原典とその日本語訳。
抜粋ラーマクリシュナの福音 価格 1500 円 (B6 判、436 頁) 1907 年、「福音」の著者みずからが、その要所をぬき出して英訳、出版した。改訂 2 版。
最高をめざして 価格 1000 円 (B6 判、244 頁) ラーマクリシュナ僧団•奉仕団の第 6 代の長、スワーミー•ヴィラジャーナンダが出家・在家両方の弟子たちのために説いた最高の目標に達するための教え。
カルマ•ヨーガ 価格 1000 円 (新書判、214 頁) ヴィヴェーカーナンダ講話集。無執着で働くことによって自己放棄を得る方法を説く。
バクティ・ヨーガ 価格 1000 円 (新書判、192 頁) 同上。人格神信仰の論理的根拠、実践の方法及びその究極の境地を説く。
ギャーナ・ヨーガ 価格 1400 円 (新書判、352 頁) 同上。哲学的思索により実在と非実在を識別し、真理に到達する方法を説く。
ラージャ•ヨーガ 価格 1000 円 (新書判、242 頁) 同上。精神集中等によって、真理に至る方法を説く。
シカゴ講話集 価格 500 円 (文庫判、64 頁) シカゴで行われた世界宗教会議でのスワーミー・ヴィヴェーカーナンダの全講演。
ラーマクリシュナ僧団の三位一体と理想と活動 価格 900 円 (B6 判、128 頁) 僧団の歴史と活動および日本ヴェーダーンタ協会の歴史がわかりやすく解説されている。
霊性の修行 価格 900 円 (B6 判、168 頁) 第 12 代僧院長スワーミー・ブーテーシャーナンダジーによる日本での講話。霊性の修行に関する深遠、そして実践的な講話集。
インド賢者物語 価格 900 円 (B5 判、72 頁、2 色刷り) スワーミー•ヴィヴェーカーナンダ伝記絵本。

C D

CD ガヤットリー 108 1200 円 (約 79 分) このマントラは、深遠な意味と高い霊的忘我のムードがあることから、インドの霊的伝統で最も有名なマントラ (真言) の一つです。
CD マハームリットゥンジャヤ・マントラ 108 1200 円 (約 73 分)。このマントラは、インドの霊的伝統に基づく有名なマントラ (真言) の一つで、強い霊的波動と加護の力を持つことから広く唱えられています。